ペルー・クスコ・マチュピチュ

――アンデス世界へのいざない――

著：稲村《いなむら》哲《てつ》也《や》

アンデス山脈：標高4700メートルの高原から東の山脈を望む。東のアマゾンからの湿気で山脈は雪に被われている

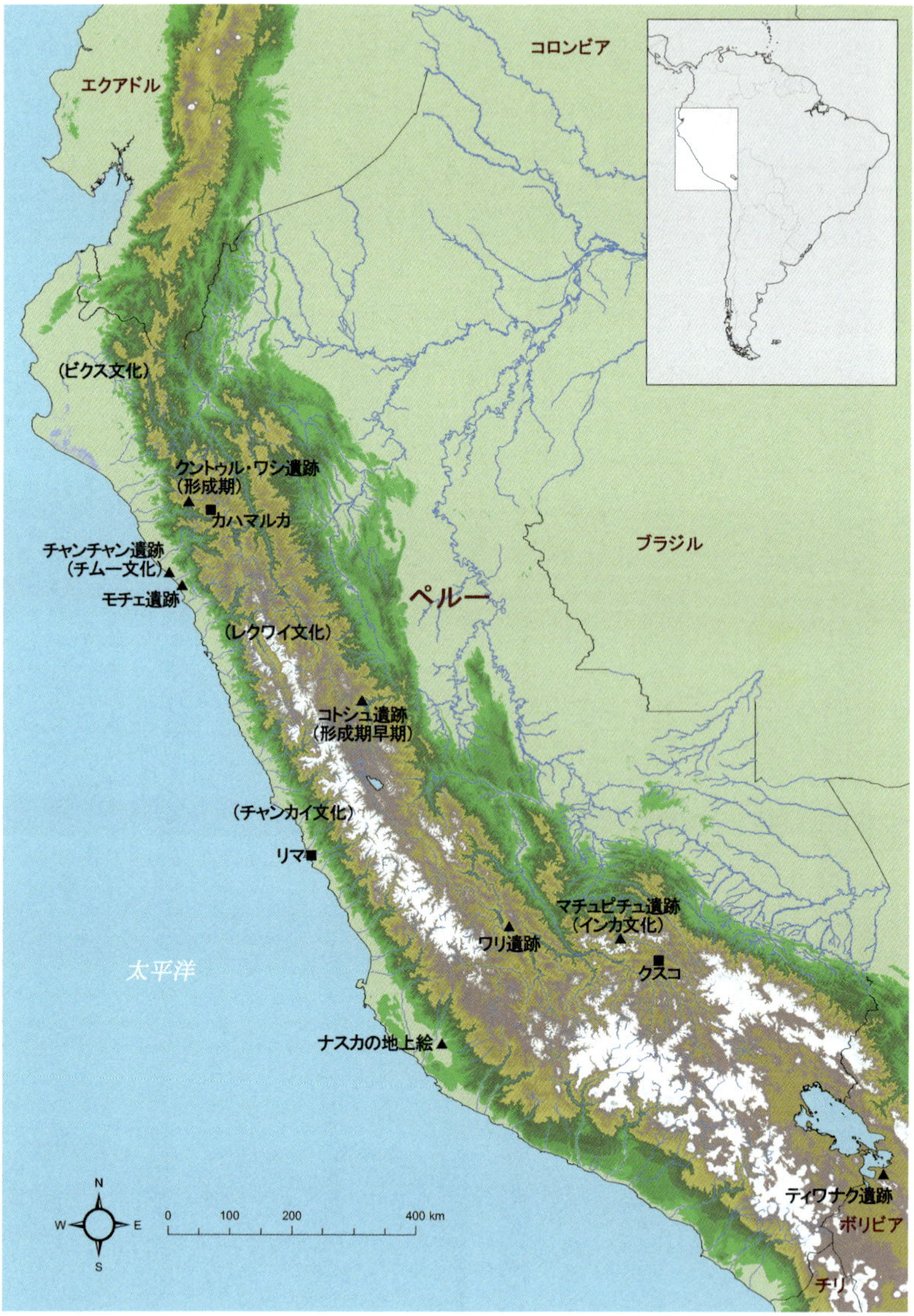

ペルー全図：おもな遺跡の位置（作成：鶴見英成）

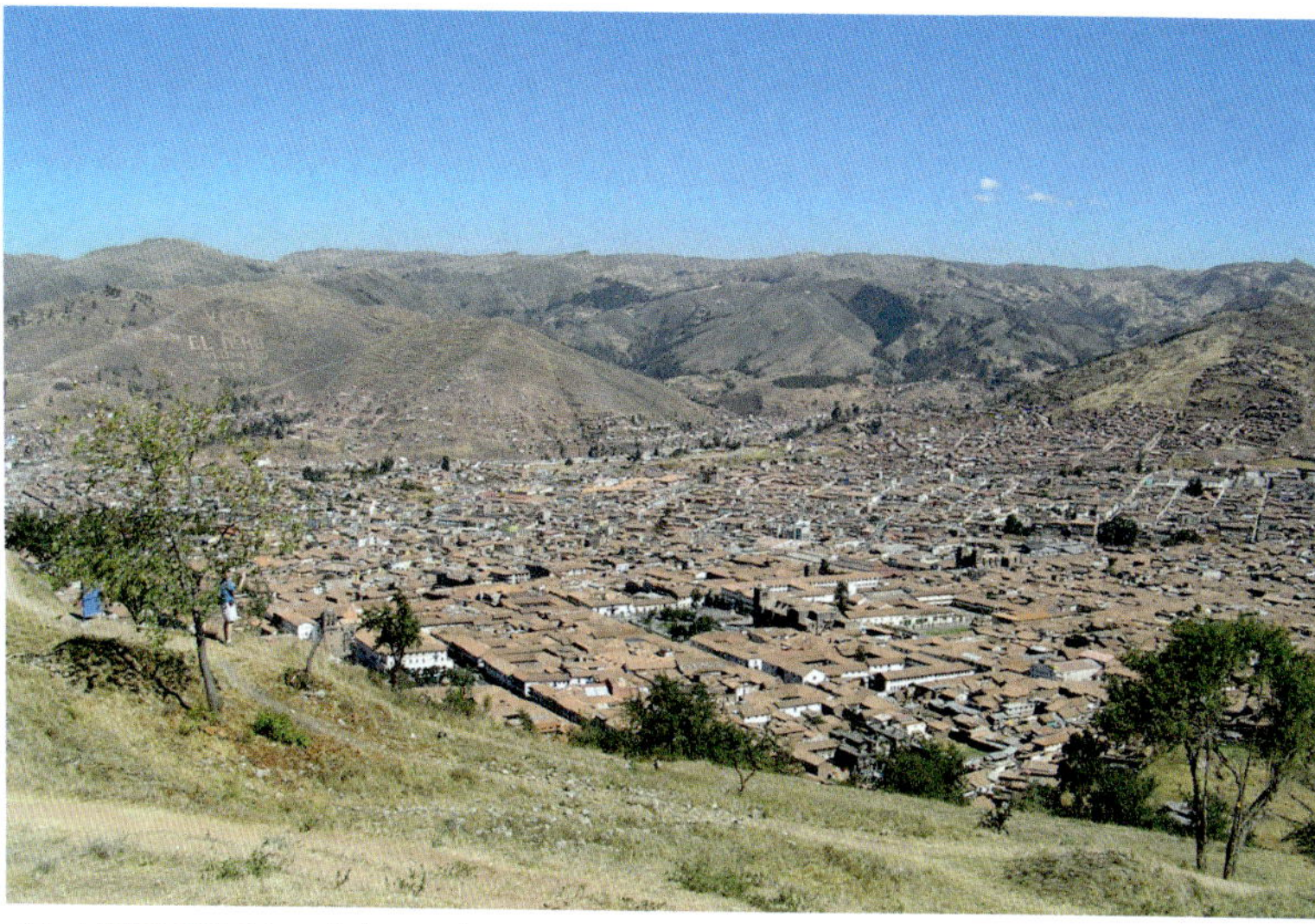

インカ帝国の都であったクスコ市：サクサイワマン砦から望む

アンデスは南アメリカ大陸の太平洋岸（西岸）にそって南北約8000キロにわたって貫《つらぬ》く長大な山脈である。そこに古代アンデス文明が栄え、その最後を飾《かざ》ったのがインカ帝国《ていこく》である。インカ帝国は紀元15世紀前半から勢力《せいりょく》を伸《の》ばし、その版図《はんと》は、現在《げんざい》の国でいうと、ペルーを中心に、北はエクアドル、コロンビア南部まで、南はボリビア、チリ中・北部、アルゼンチン北西部までに及《およ》んだ。インカ帝国は、当時はタワンティン・スーヨ（四つの地方）と呼《よ》ばれ、その都クスコから地方に向かってまっすぐなインカ道が伸《の》びていた。クスコには皇帝《こうてい》（インカと呼《よ》ばれた）の王宮や神殿《しんでん》などが築《きず》かれ、それら建造物《けんぞうぶつ》の壁《かべ》はカミソリの刃《は》も入らないと形容《けいよう》される精《せい》巧《こう》な石組で造《つく》られていた。皇帝は太陽の子孫をされ、太陽神殿《しんでん》は特に壮麗《そうれい》で、神殿内部は黄金の神像《しんぞう》や装飾《そうしょく》で満ちていた。皇帝は、亡《な》くなるとミイラとされ、王宮に住み続け、皇帝の家族や従者《じゅうしゃ》もそのまま皇帝に仕えたといわれている。新皇帝は、新たな宮殿《きゅうでん》を造営《ぞうえい》し、そこに新たな一族と従者のグループを形成した。

クスコの太陽神殿（サント・ドミンゴ教会でもある）：インカを征服したスペイン人がキリスト教（カトリック）の優位性を示すため、神殿の上に教会を建てた

→クスコの太陽神殿（サント・ドミンゴ教会）内部：インカの石壁がそのまま使われ、表面が白い漆喰で被われた。現在は漆喰が剥がされている。入り口の向こうに教会中庭の白いアーチが見える

←クスコの市街：インカの石壁がそのまま使われ、その上にスペイン様式の住居の壁が継ぎ足されている。古代から続く先住民文化に後から入ってきたスペイン文化が融合された、ペルー社会を象徴する景観である

地方の首長と人民を統率《とうそつ》する皇帝《こうてい》は絶大《ぜつだい》な権力《けんりょく》を誇《ほこ》っていたが、版図《はんと》が広がり過《す》ぎ、クスコの皇子《おうじ》と、現在《げんざい》のエクアドルのキートの王宮で育った皇子との間で、皇位継承《こういけいしょう》争いが起こった。戦いに勝利して第十三代皇帝となったキートのアタワルパの軍勢《ぐんぜい》がペルー北部のカハマルカに本陣《ほんじん》を置いていた。そのとき、北の海岸からスペイン人征服者《せいふくしゃ》フランシスコ・ピサロが率《ひき》いる200人足らずの一群《いちぐん》が現《あらわ》れる。油断《ゆだん》していたアタワルパは、

教会の内部：これはペルー第二の都市アレキーパにある教会。スペインによる征服のあと、ペルー各地にこのような教会が建てられ、キリスト教（カトリック）が広まった

スペイン軍を陣内《じんない》に招《まね》き入れたため、スペイン軍はアタワルパを奇襲《きしゅう》して捕《と》らえてしまう。それまで見たこともなかった、馬に乗った人間やとてつもない音を発する銃《じゅう》の威力《いりょく》に、インカの兵士たちが驚愕混乱《きょうがくこんらん》したためとも伝えられている。

　アタワルパは、スペイン人が黄金を欲《ほっ》していることを知ると、チャスキ（飛脚《ひきゃく》）を通じて帝国《ていこく》中に知らせを出し、幽閉《ゆうへい》されていた部屋一杯《いっぱい》の黄金を集め、ピサロにそれを提供《ていきょう》して、自身の解放《かいほう》を請《こ》う。しかし、ピサロは黄金を奪《うば》い、アタワルパを処刑《しょけい》してしまう。1532年のことである。

　ピサロの一行は、クスコに進軍し、アタワルパに敵対《てきたい》していたインカの皇族《こうぞく》のひとりを傀儡《かいらい》の皇帝《こうてい》とし、帝国《ていこく》を手中に収《おさ》めてしまう。まもなく、新たな皇帝とその一族はピサロの邪悪《じゃあく》な意図を知り、クスコ盆地《ぼんち》を望む丘陵《きゅうりょう》にあるサクサイワマン砦《とりで》に立てこもり、スペイン軍への戦いを挑《いど》む。彼《かれ》らは槍《やり》や棍棒《こんぼう》で勇敢《ゆうかん》に戦うが、銃《じゅう》で攻撃《こうげき》するスペイン軍の前に敗れ、アマゾン川に下るウ

クスコ郊外の丘にあるサクサイワマン砦：巨大な石は数百トンの重さがある。1533年、インカはスペイン軍と戦って敗れ、マチュピチュのさらに奥のビルカバンバに逃れた

ルバンバ渓谷《けいこく》に逃《のが》れる。その渓谷の途《と》中《ちゅう》にマチュピチュがあり、渓谷をさらに下ったところに、皇帝が最後まで抵抗したビルカバンガがあった。そこで維持されたインカ皇族の血統は、１５７２年、最後の皇帝が殺されて途絶えた。そして、マチュピチュやビルカバンガの存在《そんざい》は人々《ひとびと》の記憶《きおく》から消えていった。クスコはスペイン人による略奪《りゃくだつ》によって破壊《はかい》されたあと、スペイン風の町に変えられていった。

１５４２年、海岸地方に築かれた首都リマに、スペインから国王の代理として副王バカ・デ・カストロが送り込《こ》まれ、ペルー副王領《りょう》として南米大陸の大半がスペインの植民地となった。インディオと呼《よ》ばれるようになったインカの末裔《まつえい》にとって、その後の長い苦難《くなん》の歴史の始まりとなった。スペイン語とスペイン的な文化、キリスト教（カトリック）信仰《しんこう》が広がり、人々《ひとびと》の生活は変化していった。しかし、アンデスの山岳地域《さんがくちいき》では、インカの暮《く》らしや伝統《でんとう》が今も人々《ひとびと》の間に残されている。

１９１１年、アメリカの歴史学者で探検家のハイラム・ビンガムがビルカバンバを目指してウルバンバ渓谷《けいこく》を下っていた。その渓谷沿《ぞ》いにもいくつかの小さなインディオの村があった。あるインディオの老人が、マチュピチュ（老いた峰）とワイナピチュ（若い峰）の上にある古い町のことを告げた。ビンガムは、半信半疑で、案内の少年とともに険《けわ》しい道を登った。ふたつの峰《みね》の間に連なる尾根《おね》にたどり着いたとき、ビンガムはわが目を疑

マチュピチュ遺跡：クスコからウルバンバ渓谷をアマゾン方面に下ったところにある。1911年にハイラム・ビンガムが再発見するまで、地元民意外には知られていなかった

った。そこには、鬱蒼《うっそう》とした木々に被われながらも、スペイン人による破壊《はかい》を免れたインカの「都市」が、４００年の時を経ながら完璧な形で残されていた。マチュピチュの「再発見」は、ビンガムが書いた「失われたインカの都市」によって世界に広がった。１９３５年、その本をパナマで読んだ実業家の天野芳太郎《あまのよしたろう》は、「いてもたってもいられず」マチュピチュを訪れ、そこで野内与吉《のうちよきち》と出会う。それが、その後の日本人によるアンデス研究の数々の業績のきっかけとなる「運命的な出会い」だとは、当時のふたりには思いもよらぬことだったであろう。

　本書を通じ、マチュピチュ村を築《きず》いた、福島出身の日本人ペルー移民《いみん》・野内与吉の生涯《しょうがい》の足跡《そくせき》をたどりながら、アンデス人が残した謎《なぞ》と魅力《みりょく》に満ちた古代文明の遺産《いさん》、日本人のペルー移住《いじゅう》の歴史、マチュピチュでの出会いから始まった日本人によるアンデス考古学研究、そして、アンデスの伝統《でんとう》文化を現代《げんだい》に伝えるインディオ（インカの末裔《まつえい》）の世界に足を踏《ふ》み入れてみよう。遠いアンデス世界がきっと身近な存在《そんざい》になることだろう。

マチュピチュ：広場をはさんで、住居、神殿、工房、階段、水路などが複雑に組み合わされた複合遺跡。中央部に、壁が丸い太陽神殿が見える。遺跡周辺には立派な階段畑があり、太陽神に捧げる酒を醸すトウモロコシが栽培されたと考えられる

マチュピチュ遺跡の太陽神殿：インカの石造建築の傑作。インカの建物は壁が内側に少し傾き、窓や入り口も台形で、荷重や地震に強い構造になっている

→マチュピチュ遺跡の太陽神殿の下部：自然の岩をくりぬいて作られている。奥に神像を安置する壁がんなどがある

←コンドルの神殿：手前がコンドルの頭部、向こう側の自然石がコンドルの羽を表すと言われている。コンドルは現在の先住民の間でも神聖な存在とされる

マチュピチュ遺跡から尾根を回る道を進むと、石を積んで作られた絶壁沿いの道に出る。まんなかの木の橋は、木材を谷底に落とせば通行不能となり、敵の侵入を阻むことができる

東京大学アンデス調査団（当時大貫良夫団長）によるクントゥル・ワシ遺跡の発掘

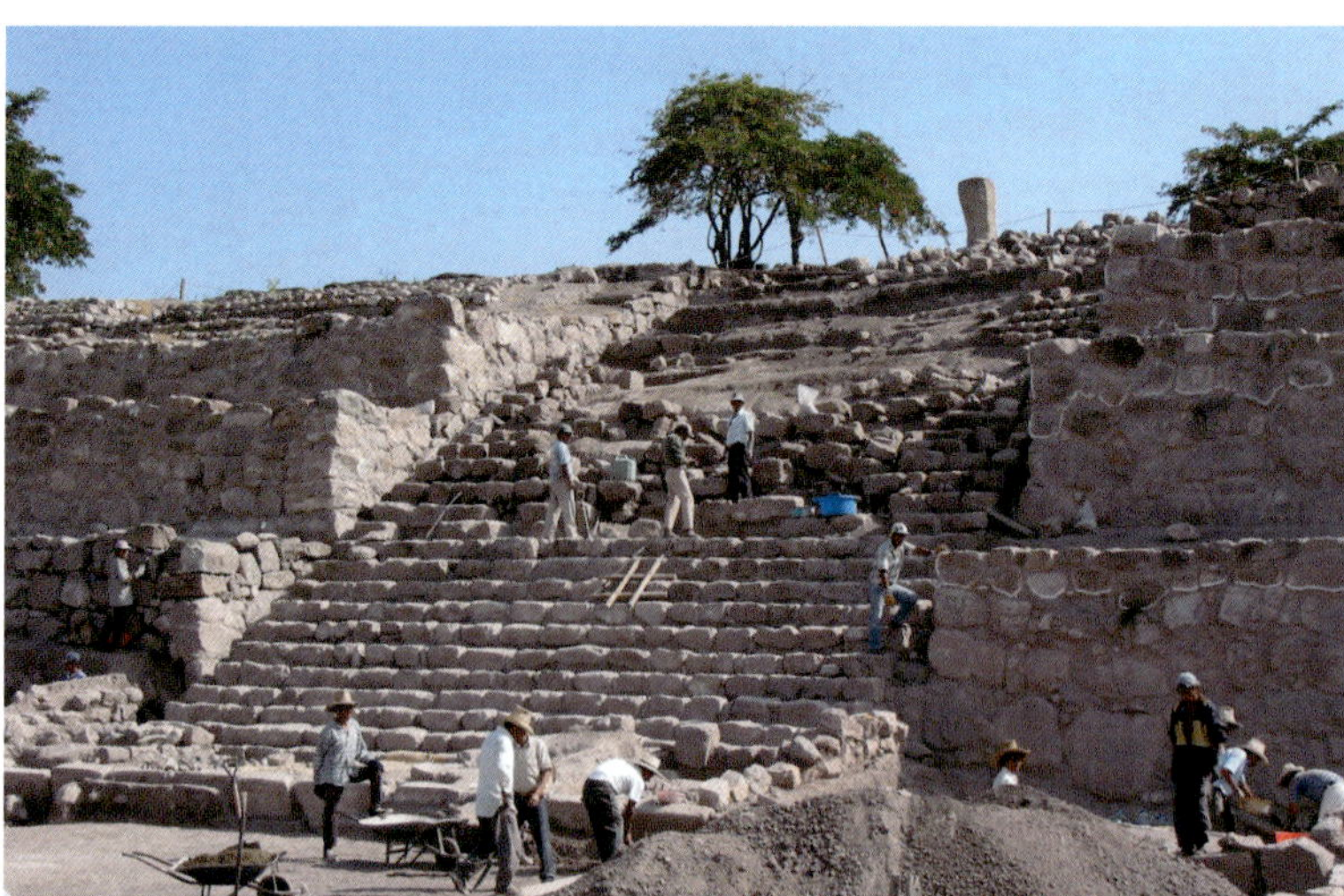

東京大学アンデス調査団（当時大貫良夫団長）によるクントゥル・ワシ遺跡の正面階段の修復。地元の住民の多くが参加した

クントゥル・ワシ遺跡で発掘された黄金の冠（撮影：アルバロ・ウエマツ）：考古学調査で発掘された、南北アメリカ大陸で最古（紀元前800年）の黄金製品として有名となった。籠の文様の編目の中に14の人面が吊り下げられている

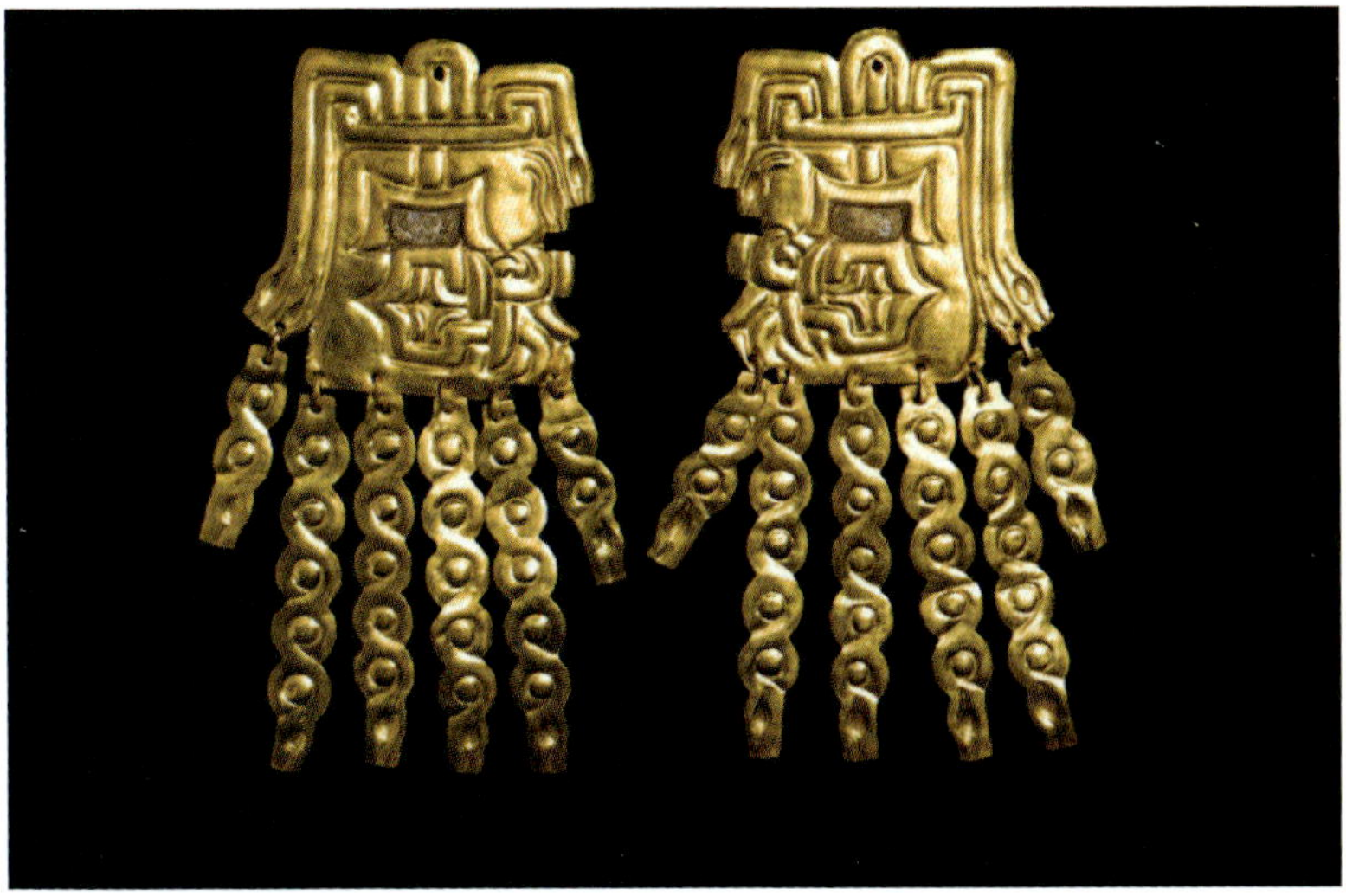

クントゥル・ワシ遺跡で発掘された黄金の耳飾（撮影：アルバロ・ウエマツ）：ジャガーの頭のモチーフに蛇の頭髪と鳥のくちばしが付いた怪獣が描かれている

アンデスの農耕と牧畜：このような渓谷に段々畑がつくられ、標高4000mあたりまで、ジャガイモ、トウモロコシなどを栽培する農民が住む。渓谷を遡ると高原に至り、そこではアルパカやリャマを飼う牧民が暮らしている（アレキーパ県プイカ渓谷）

段々畑を耕すアンデス農民：インカ時代と同じように、チャキタクリャ（踏み鋤）で、険しい斜面の段々畑を耕している

ジャガイモ型土器（モチェ文化）

トウガラシを描いた土器（ナスカ文化）

アンデスの作物（天野織物博物館所蔵の土器）：中央アンデスの古代の人びとは標高によって気温が異なる環境に適した、様々な作物を栽培化した。ジャガイモやトウガラシは、インカ帝国の征服後にスペインから世界に広まり、食物、料理に大きな影響を及ぼした

ジャガイモとトウモロコシの多様な品種
(写真提供：山本紀夫)：
古代アンデスの人びとは、多様な作物を生み出しただけでなく、ひとつの作物でも多様な品種を生み出した。品種によって適した気候条件などが異なるため、多様なものを栽培する農耕は、環境の変動に強く、サステイナブル（持続性が高い）である

リャマのキャラバン：物々交換やリャマによる農作物の運搬の報酬などとして得た作物を、振り分け荷物としてリャマの背に積んで、高原の居住地に運ぶ。先頭のリャマが先導し、牧民は後ろからついていく

アンデスのラクダ科動物：グアナコとビクーニャは野生、アルパカとリャマは家畜。アルパカからは毛をとり、リャマは荷役用に使われる

アルパカの毛刈り：ナイフを石で研ぎながら毛をかってゆく。近隣の牧民との間で相互に手伝う「労働交換」を行なう。アルパカ毛は古代から織物に使われ、農作物と物々交換されてきた。現在は現金で売ることが多い

機織：アルパカを見張りながら機織りをする女性たち。後帯機《こうたいばた》と呼ばれる道具はインカ時代と変わらない。織物で被われた揺りかごに赤ちゃんが寝ている（機織りの右）

小学校のクラス：生徒たちは先生ととても仲がいい。勉強だけでなく、ペルーの民族音楽や踊りなども学ぶ

新しい校舎：私（稲村）が文化人類学の調査研究に従事していたアレキーパ県プイカ村で、突風が起こり学校が壊れた。そこで、在ペルー日本大使館にお願いして、校舎の建設費を出してもらった。新しい校舎ができあがったとき、生徒たちが踊りを披露して歓迎してくれた

世界遺産マチュピチュに村を創った日本人「野内与吉」物語

—古代アンデス文明の魅力—

はじめに

私《わたし》は16歳《さい》で来日したが、学校へ行きたくても言葉の壁《かべ》や費用の問題で教育を受けられず、最初の5年間は、家族の為《ため》に働く毎日だった。そのときは、自分の人生は何なのか、と耐《た》え難《がた》い思いをした。

しかし、そんな私の人生に明るい希望の光を照らしてくれたのが、祖父《そふ》「野内与吉《のうちよきち》」である。働きながら諦《あきら》めずに大学院に学び、研究を続けることができるのも、また多くの方々《かたがた》と出会い、素晴《すば》らしい経験《けいけん》ができるのも、ひとえに祖父のおかげである。

私が祖父を尊敬《そんけい》する理由のひとつは、人の為《ため》に尽力《じんりょく》するという生き方である。ペルーで行なった、祖父を知る方へのインタビューでは、皆《みな》が笑顔でこたえてくれた。当時のことを懐《なつ》かしんで語る彼《かれ》らの表情《ひょうじょう》からは、祖父のことを家族のように思い慕《した》っていてくれたことが読み取れた。

当時の時代背景《はいけい》、そして祖父が異国人《いこくじん》であることを考慮《こうりょ》すると、これは信じられないことである。祖父が異国の地で様々《さまざま》な困難《こんなん》にも耐《た》え、そして自分の功績《こうせき》の為《ため》でなく、見返りを求めず人の為《ため》に尽力《じんりょく》したからこそに違《ちが》いない。

この祖父の心、想いを引き継《つ》ぎ、多くの方の笑顔のために、自分の信じた道を進んでいきたいと思う。

祖父が生きた壮絶《そうぜつ》な人生と、当時の時代背景《はいけい》、そして古代アンデス文明の魅力《みりょく》や日本人の素晴《すば》らしさが詰《つ》まっているこの本書で、ひとりでも多くの方がペルーの魅力《みりょく》と、ペルーで生きた日本人に関心を持ってくださることを願う。

野内セサル良郎

目次

口絵　ペルー・クスコ・マチュピチュ　アンデス世界へのいざない　P1

漫画　天空都市に賭けた男　野内与吉物語　P27

第1部

野内与吉の歴史

第1章　旅立ち――南米ペルーへの道程　P54

第2章　奮闘――遠く南米の大地で　P58

第3章　戦争――そして希望へ　P64

終　章　架け橋――ペルーと日本の未来へ　P69

ペルーへの日本人移民　P72

第2部 古代アンデス文明と日本人

第1章 運命的な出会いからはじまる、日本人によるアンデス研究――P88
第2章 古代アンデス文明と東大による発掘――P97

第3部 古代アンデス文明の創造物

略奪の歴史と考古学――P106
古代アンデス文明出土品紹介――P113

天空都市に賭《か》けた男
野内与吉《のうちよきち》物語
ビッグ錠《じょう》

昭和33年
福島県大玉村
おじさーん
どうした千賀子《ちかこ》そんなに慌《あわ》てて
こ、これ!
ほう三笠宮殿下《みかさのみやでんか》が、南米ペルーを訪問《ほうもん》かぁ…
南米の空中都市
三笠宮殿下《みかさのみやでんか》ペルー訪問《ほうもん》
殿下《でんか》に花束を贈呈《ぞうてい》したのは野内与吉《のうちよきち》さんの長女
オルガ・ノウチ…

野内《のうち》与吉《よきち》だとお！
その人50年前に南米に行ったまま行方不明だって言ってた…
おじさんのお兄さんじゃないの？
まさか…あいつ生きとったのか…
もしもーし○×新聞の五十嵐《いがらし》ですが
○×新聞
ペルー大使から現地《げんち》のマチュピチュ村に問い合わせてもらったところ
おたずねの野内《のうち》与吉《よきち》さんはたしかに大玉村出身で明治28年生まれで間違《まちが》いありません
すごいじゃないですか野内さん！
外国へ行った日本人で村長になった人なんていませんよ

与吉《よきち》さんはねぇ
マチュピチュ村に
水道を通したり
発電所を作って
村に電灯を
灯したんですよ！
それに
マチュピチュで
初めてのホテルを
開いたんです
あの…
その
ピチャピチャって
どこに
あるん
ですかぁ？
ピチャピチャ
じゃないっ！
マチュ
ピチュ
南米ペルーの
山岳地《さんがくち》にある
村ですよ！
しかし、そんな
山奥《やまおく》の村まで
三笠宮殿下《みかさのみやでんか》は
いったい何しに
行ったんだね
実はマチュピチュは
今、世界の考古学者から
注目を浴びている
村なんですよ
15世紀中頃《ごろ》
南米の今のコロンビアから
南チリまでの一帯を
支配《しはい》していたインカ帝国《ていこく》
その見事な
水利システムや
標高差を
利用した農業

優《すぐ》れた情報網《じょうほうもう》と国家機能《きのう》を持つ南米最大の帝国《ていこく》だったのです
ところが１５３２年スペイン軍の上陸兵に次々《つぎつぎ》と征服《せいふく》され滅亡《めつぼう》へと向かい
多くの謎《なぞ》を残したままアンデスの山中に消えてしまったのです
時が流れて１９１１年考古学者ハイラム・ビンガムがマチュピチュの山上に突然《とつぜん》現《あらわ》れた石造《いしづく》りの都市を発見したのです
ハイラム・ビンガム
それは高度な石造建築《せきぞうけんちく》で築《きず》かれた一大都市だったのです
以後マチュピチュは「空中都市」「失われた都市」と呼《よ》ばれ世界の考古学者の注目の的となったのです

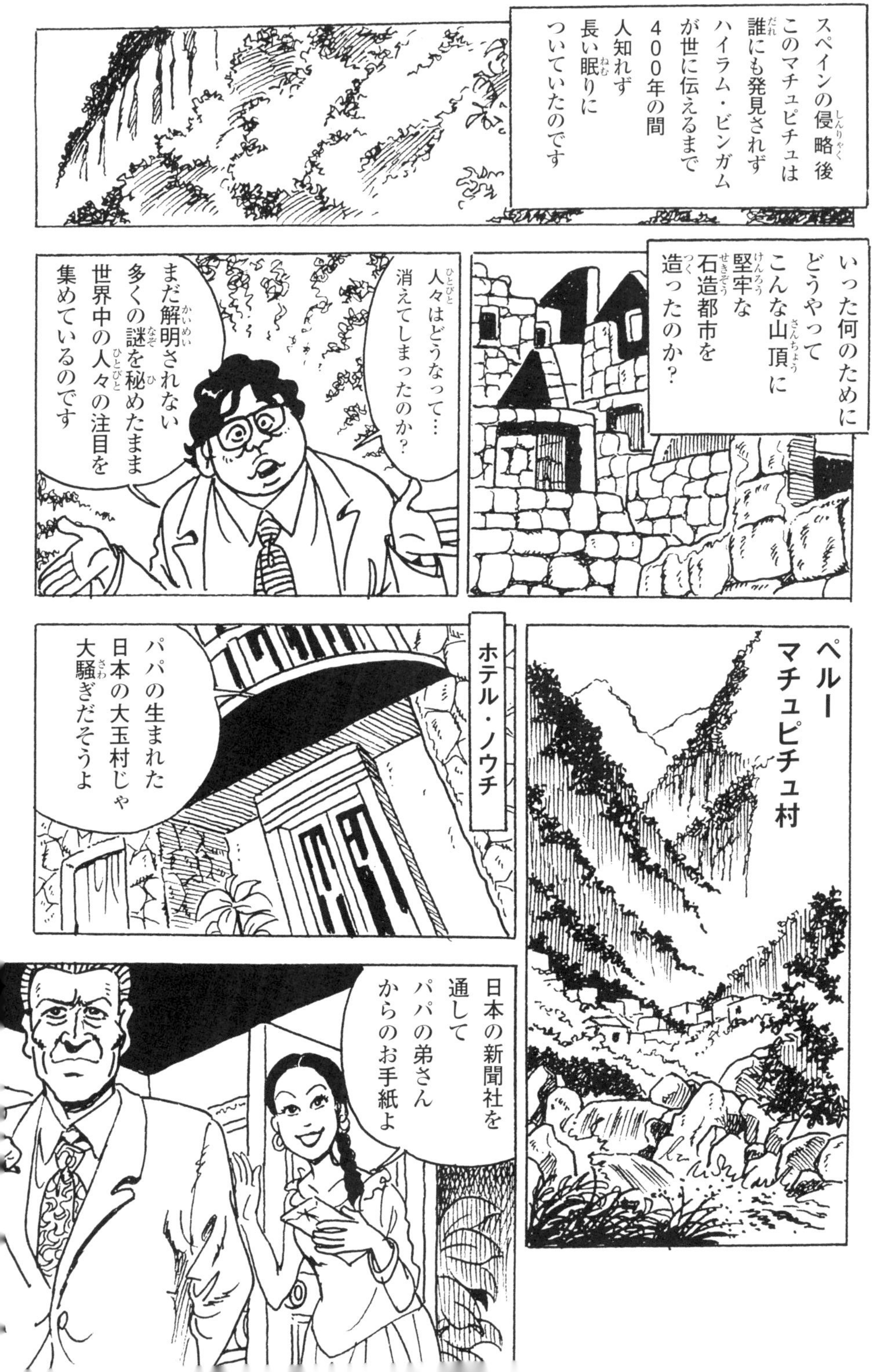
スペインの侵略《しんりゃく》後このマチュピチュは誰《だれ》にも発見されずハイラム・ビンガムが世に伝えるまで400年の間人知れず長い眠《ねむ》りについていたのです
いった何のためにどうやってこんな山頂《さんちょう》に堅牢《けんろう》な石造《せきぞう》都市を造《つく》ったのか？
人々《ひとびと》はどうなって…消えてしまったのか？
まだ解明《かいめい》されない多くの謎《なぞ》を秘《ひ》めたまま世界中の人々《ひとびと》の注目を集めているのです
ペルー マチュピチュ村
ホテル・ノウチ
パパの生まれた日本の大玉村じゃ大騒《さわ》ぎだそうよ
日本の新聞社を通してパパの弟さんからのお手紙よ

与四郎《よしろう》……
まさか与吉兄さんが
なんて、驚きと共に
言葉ではいいつ
四十年を過ぎて
父さんは1940年に……
母さんは4年前に……
亡《な》くなりました！
与吉《よきち》！お前いってえ何考えてんだあ！
南米ってのはどういう所か知ってるのか！
一年中真夏みてえに暑くて密林《みつりん》ばっかりで言葉も通じねぇんだぞ！
そんな苦労するよりも与吉《よきち》
日本で父ちゃんや兄ちゃんと一緒《いっしょ》に畑やったほうがなんぼいいか…

いいかい 父ちゃん
これが アメリカ その下が 南米だよ
その左はしの ちっぽけな島が 日本だよ
いったい 日本の何倍 あると思う!
その広い土地と サトウキビや コーヒー畑 ジャガイモを いっぱい 作って
大成功して 父さん、 母さんを 驚かせるよ
んったく 夢見《ゆめみ》てえな こと言って…
兄ちゃんは 長男だから 家の田畑を もらえるから いいけど…
俺《おれ》たち 次男坊《ぼう》は 自分の畑も ないし
こんな 田舎《いなか》じゃ 働き口も ねえ
だから 次男や三男は みんな都会へ 出て行く…
でも俺《おれ》はもっと でっかい国へ 行って、ぜったい 成功してみせるんだ!
両親の反対を 押し切り… 1917(大正6)年 私《わたし》 は横浜《よこはま》から 南米へ向かった…

身体に気をつけるんだよ～！
ガンバレーおーっ！
大日本帝国《だいにっぽんていこく》バンザーイ！
日本へ帰ってこられるのはいつの日か…
もう帰ってこれないかも…
1917年3月ペルー・カヤオ港到着《とうちゃく》
私《わたし》はサンニコラスにある農園で働くことになったのだが…
そこで現実《げんじつ》の厳《きび》しさを知らされる
焼けつくような大地の中での過酷《かこく》な労働と
聞かされていたのとはまったく違《ちが》う労働条件《じょうけん》
賃金《ちんぎん》の未払《ばら》い！

私《わたし》 は半年で
農場を辞め
各地を放浪《ほうろう》した
そして
ペルーの国境《こっきょう》近くの
サン・ハシント・デ・
マルドナド教会で
カトリックの
洗礼《せんれい》を受け…
「オスカル」
という洗礼《せんれい》名を
与《あた》えられた
「オスカル・ノウチ」
となった私《わたし》は
クスコ市で
ペルー国鉄の
クスコ~サンタ・
アナ鉄道に勤務《きんむ》
することになった
会社専用《せんよう》電車
の運転手や
線路の拡張《かくちょう》工事
にも携《たずさ》わった

あの鉄道会社では
機械修理《しゅうり》で
苦労させられたよ
何しろ
道具が
ないのでね
自分で
道具を
作った
すごいな
オスカルは
何でも
作れるん
だな
約160キロ離《はな》れた
キリヤ・バンバ付近で採《と》れる
カカオ・コーヒー豆などの
農産物をクスコに
積み出す輸送手段《ゆそうしゅだん》の確立《かくりつ》のため
アンデス山脈の山間部での
過酷《かこく》な状況《じょうきょう》の中
鉄道工事が進められ
1912年
クスコ市からマチュピチュ
までの線路が開通した

私《わたし》はマチュピチュで
マリア・ポルティージョと
一緒にくらすことになり
ひとりの娘《むすめ》と
3人の息子に
恵《めぐ》まれた
マチュピチュの
密林《みつりん》の中で
木を伐採《ばっさい》して
畑を作っていた時
ここには
良質《りょうしつ》な木材が
豊富《ほうふ》にある
これからの時代は
材木の需要《じゅよう》がますます
増大《ぞうだい》するだろう
鉄道も開通した
ここで
木材事業を
やればきっと
成功する
オスカル
いい畑が
できそうだね
やあ
マリア
水汲《みずく》みかい

ここの人たちは川まで降《お》りたり登ったり1日に何回も水を汲《く》みに行く
何とかならないものかなぁ
私《わたし》は山中を探《さが》しまわって水源《すいげん》を発見した！
湧《わ》き水だ！
村人たちと協力して村まで水路を作った
わぁ〜水だぁ〜
これでもう川まで水を汲《く》みに行かなくてもいい
悩《なや》みの腰痛《ようつう》も治って長生きできるわ！
ヨォ〜みんなも入れよ気持ちいいぞー！
アグア・カリエンテ温泉《おんせん》だよ温泉！

木を切ってたら地面から湯気が出ていたので掘《ほ》り起こしたんだ
畑仕事の帰りの村人たちが疲《つか》れを落としながらおしゃべりして
温泉《おんせん》は自然の中の社交場になっちまってねぇ
温泉《おんせん》は今じゃマチュピチュの観光目物よ
おかげであちこちから人が来るようになったわ
おいおいオスカルは今度は何をするつもりかねぇ
川の水をせき止めたりして
ここにダムを作って
この村に灯を点けるのさ
ひ、火をつけるって!
ノウチ!お前この村を燃《も》やす気か!

ハッハッハッハ その火じゃないよ
電気だよ 電気
デ・ン・キ…？
なんだ そりゃ？
いったい、こりゃ何の機械だよ
川の水でタービンを動かして電気を作るんだよ
？・？ ？・？
そして1ヶ月後——
オーシ！ 水門を開けろ——！
機械が動き出した！

パ
ウォオォ
何だ この光は！
ガラス玉が 太陽のように 輝《かがや》いている！
オォ
こうして マチュピチュ村の 家々《いえいえ》に電灯が灯り

村の暮《く》らしは
向上し
村民が増《ふ》えた
1935年
私《わたし》は長年の夢《ゆめ》だった
「ホテル・ノウチ」を開業した
一階は
郵便局《ゆうびんきょく》や
交番として
使えるよう
村に提供《ていきょう》した
二階も
裁判所《さいばんしょ》として
使用され
やがてホテル・ノウチが
村の中心となり
マチュピチュ村は
発展《はってん》していった
当時
マチュピチュ遺跡《いせき》は
まだ観光地として
有名ではなく

学者や探検隊《たんけんたい》が
調《ちょう》査《さ》のために
訪《おとず》れていた
私《わたし》はスペイン語と
英語のほかに
先住民の言語
ケチュア語に
通じていたし
マチュピチュ
遺跡《いせき》は
すみずみまで
知り尽《つ》くして
いた
そのため
ガイドとしても
重宝《ちょうほう》がられて
いた
1935年
実業家
天野芳太郎《よしたろう》氏が
マチュピチュ遺跡《いせき》を
訪問《ほうもん》した際《さい》…
私は
ガイドとして
天野氏に同行した
天野氏は南米各国で
事業が成功し

さらにアンデス文明の研究をする中で収《しゅう》集《しゅう》した文化遺産《いさん》を保存《ほぞん》するべく
ペルーのリマに「天野博物館」を創設《そうせつ》した
私も1939年にはマチュピチュ村の
最高責任者《せきにんしゃ》として行政官《ぎょうせいかん》を務《つと》めた
私《わたし》にとってあの頃《ころ》は人生の中で最も輝《かがや》いていた時だった
しかし1941年あのいまわしい太平洋戦争が始まった
連合国軍側で参戦したペルーは
日本語新聞の発行禁止《きんし》
日本語新聞
発行禁止《きんし》
日系人資産凍結《にっけいじんしさんとうけつ》
銀行○○○○
日系人資産《にっけいじんしさん》の凍結措置《とうけつそち》などと共に

正規《せいき》の入国手続きを経《へ》ていない「不法入国」を理由におもだった日本人及《およ》び日系人《にっけいじん》を逮捕《たいほ》した
最終的にアメリカ政府《せいふ》は中南米諸国《しょこく》に住む日系人及《にっけいじんおよ》び日本移民《いみん》をアメリカ国内の強制収用《きょうせいしゅうよう》所に強制《きょうせい》連行した
そのうち80パーセントはペルー移民《いみん》と日系《にっけい》子孫のペルー人だった
当然この村にも憲兵《けんぺい》が来たが
この村に日本人なんかいないよ
見たこともないわよ
村人たちは自分たちも捕《と》らわれる可能性《かのうせい》があるにもかかわらず私《わたし》たちを守ってくれた
さあ?

やっと戦争が終わった1945年
私《わたし》はマリア・ポルティージョと別れ。4人の子供《こども》を引き取った
のちにマリア・モラレスと結婚《けっこん》し
6人の子《こ》どもに恵《めぐ》まれた
1947年豪雨《ごうう》のためマチュピチュ村の川が氾濫《はんらん》
村は大きな土砂災害《どしゃさいがい》に見舞《みま》われた
私《わたし》は村人たちと共に地方政府《せいふ》宛《あ》てに緊急支援《きんきゅうしえん》を依頼《いらい》した
そして地方政府《せいふ》からの命令で
私《わたし》はマチュピチュ村村長に任命《にんめい》された
無事、復興を成功させたこともあり、マチュピチュ村の奥《おく》のキリヤ・バンバまで鉄道の終点駅が延びた

復興《ふっこう》を見届けた
私《わたし》は
マチュピチュ村
を離れ
ペルー国鉄
クスコ〜サンタ・アナ鉄道で
再《ふたた》び働くことになった
そこで定年まで
勤《つと》めあげた後
その仕事を
息子の
セサル・ノウチ・
モラレスに
引き継《つ》いだ
日本を出て
51年かぁ
…
あっと
いう間
だったなぁ
野内与吉《よきち》の
消息を知った
家族たちは
旅費を集めて
与吉《よきち》に送り
1968年
与吉《よきち》は半世紀ぶりに
日本へ帰国した

与吉《よきち》兄さん！
与四郎《よしろう》！
50年ぶりに見る日本の風景は私《わたし》にとってまるで夢《ゆめ》の世界だった
そして懐《なつ》かしの故郷《こきょう》福島県大玉村へ
母さんなくなる寸前《すんぜん》までお前のことを気にしとったよ
大玉村の人々《ひとびと》は大歓迎《かんげい》で
おかえりなさい！与吉さん！
地元の新聞やラジオに連日取り上げられ
与吉《よきち》さん帰国
ペルー・マチュピチュ村

滞在《たいざい》中は
マチュピチュ遺跡《いせき》に
関する講演会《こうえんかい》が開かれ
与吉《よきち》は
ペルーの魅力《みりょく》に
ついて大いに
語った
ところで
兄さん
日本に
このまま
残る
気はない？
ありがとう
与四郎《よしろう》
でも私《わたし》には
ペルーに妻《つま》や
子どもたちが
待っている
わずかな
日本滞在《たいざい》だったが
50年の空白を
満たして
与吉《よきち》はペルーへ
帰っていった
クスコに戻《もど》って
2ヶ月後与吉《よきち》は家族に
見守られて
74年の波乱《はらん》の
生涯《しょうがい》を閉《と》じた

その14年後の1983年 マチュピチュは 世界遺産《せかいいさん》として 認定《にんてい》された
世界遺産《いさん》決定 天空都市マチュピチュ
2012年大玉村の人々《ひとびと》が ペルーを訪問《ほうもん》 マチュピチュ村と 姉妹都市に向けての 交渉《こうしょう》を開始した
それまでマチュピチュ村は 世界からの姉妹都市の 申し入れを断《ことわ》り続けてきた
しかし、大玉村民の 訪問や与吉の功績が きっかけとなり 友好都市提携《ていけい》が実現した
そして2015年 大玉村と マチュピチュ村は 友好都市として 提携《ていけい》に調印した
野内さんのおかげで 私《わたし》たちは日本人に 家族のような 親近感を 抱《いだ》いている のです
マチュピチュ村 村長
一生に一度は行きたい 「天空都市」マチュピチュは 今世界中から1年に 100万人以上の 観光客が押《お》し寄《よ》せる
永遠《えいえん》に秘《ひ》められた インカ帝国《ていこく》の謎《なぞ》と共に 野内与吉《のうちよきち》は今もここに 静かに眠《ねむ》っている…

第1部

野《の》内《うち》与《よ》吉《きち》の歴史

著：野内セサル良郎《よしろう》（日本マチュピチュ協会会長）

野内与吉は私《わたし》の祖父《そふ》にあたる人物です。私が生まれる6年前に亡くなりましたが、祖父の話は祖母《そぼ》からよく聞かされていました。「責任感《せきにんかん》の強い人で、村の裁判官《さいばんかん》もやっていたんだよ」や「何でも出来る人だったんだよ」などと聞くうちに、祖父は私の中で英雄《えいゆう》となっていきます。異国《いこく》の村のために尽力《じんりょく》した祖父の物語を、多くの方に知ってほしいと、ペルーでの資料《しりょう》発掘《はっくつ》や祖父を知るマチュピチュ村の人々《ひとびと》へのインタビューを行ないました。

第1章 旅立ち――南米ペルーへの道程《どうてい》

1 野内《のうち》与吉《よきち》の誕生《たんじょう》

福島県安達郡玉井村《たまのい》（現在《げんざい》：大玉村《おおたま》）で野内与吉は1895（明治28）年11月18日、野内与惣松《よそまつ》とイセの次男として生まれました。野内家には、兄弟達が、お宮参りに着た着物が今も大切に保存《ほぞん》されています。その着物を見て、当時の農家の子どもたちに、立派《りっぱ》な着物が仕立てられていたことに驚《おどろ》きました。着物には背《せ》守りが施《ほどこ》されており、血の守りの意味と推察《すいさつ》される赤の絹糸《きぬいと》8本を束にして、ひとつ身の着物の背中《せなか》に縫《ぬ》い付け、もう一方の糸の端《はし》を男の子のしるしとして左下に曲げ、縫《ぬ》い付けてあります。

西暦《せいれき》	元号	年齢《ねんれい》	日本・世界の出来事	与吉・マチュピチュ村の出来事
1894	明治27年		7月、日清戦争開始。朝鮮《ちょうせん》の支配《しはい》をめぐって清（中国）と戦った。近代日本初の対外戦争	
1895	明治28年	0歳《さい》	3月、日清戦争終了《しゅうりょう》。日本は下関条約《じょうやく》で清から多額《たがく》の賠償金《ばいしょうきん》と台湾《たいわん》、遼東《りょうとう》半島を得る	11月18日、福島県安達郡玉井村（現《げん》大玉村）で、野内与惣松とイセの次男として出生

医学が充分《じゅうぶん》に発達しておらず、死亡率《しぼうりつ》が高かった当時、幼《おさな》い命を病魔《びょうま》や厄災《やくさい》から守るために仕立てられたのでしょう。このような風習は、現在《げんざい》は野内家にも地域《ちいき》にも残っていませんが、この着物から与吉《よきち》たちが大事に育てられたことや、両親の子どもたちへの愛情《あいじょう》が伝わってきます。

野内与吉は、玉井尋常《じんじょう》小学校を1906年3月に卒業。玉井高等小学校1910（明治43）年3月に卒業しました。教育を与《あた》えられる家庭環境《かんきょう》にあり、裕福《ゆうふく》な農家で育ったことがわかります。

2 南米ペルーへの決断《けつだん》

1917（大正6）年、21歳《さい》の与吉は、ペルー行きの契約移民募集《けいやくいみんぼしゅう》を目にし、新たな世界へ希望や夢《ゆめ》を抱《いだ》いたようです。与吉は家族との集まりで両親にペルー渡航《とこう》の決断《けつだん》を発表し、驚《おどろ》かせました。両親は「なぜ日本から出る必要があるのか」と大反対したといいます。両親

1896	1898		1902	1904	1905
明治29年	明治31年		明治35年	明治37年	明治38年
1歳《さい》	3歳《さい》		7歳《さい》	9歳《さい》	10歳《さい》
田中貞吉《たなかさだきち》、第一回南米視察《しさつ》。ペルー農会の実力者レギア氏と会見。日本移民導入《いみんどうにゅう》に尽力《じんりょく》	日本移民《いみん》入国許可《きょか》のペルー大統領令《だいとうりょうれい》が交付	2月27日、第1回日本ペルー移民《いみん》790名が佐倉《さくら》丸で横浜《よこはま》港を出港。カヤオ港に入港（4月3日）し、アンコンに回航して上陸	日英同盟締結《どうめいていけつ》	日露《にちろ》戦争開始。朝鮮《ちょうせん》、満州の支配《しはい》をめぐってロシアと開戦	日露《にちろ》戦争終了《しゅうりょう》。英米の協力を得て、大国ロシアと互角《ごかく》に戦う。ロシア国内で革命《かくめい》が起き、停戦へ。ポーツマス条約《じょうやく》を結ぶ

は最後まで納得《なっとく》せず、息子が海外へ行くことをとても悲しみましたが、与吉は意志《いし》が強く、誰《だれ》が何を言っても聞かなかったので、両親は最後には賛成《さんせい》せざるを得ませんでした。与吉は「海外で成功して日本へ戻《もど》ってきます」とペルー行きを決断《けつだん》したのです。

筆者は、与吉のペルーへの移民《いみん》についても調査《ちょうさ》を行ないました。

日本人移民《いみん》の歴史は、1873（明治6）年8月に「日秘修交通商航海仮条約《にっぴしゅうこうつうしょうこうかいかりじょうやく》」が締結《ていけつ》されます。南米諸《しょ》国《こく》のうち日本と国交を樹立《じゅりつ》した最初の国がペルーでした。1898（明治31）年、日本の移民会社が募集《ぼしゅう》をかけ、780名の日本人が横浜港《よこはまこう》から「佐倉丸《さくらまる》」で集団《しゅうだん》移民したことで、ペルーへの移民が始まったのです（詳《くわ》しくは72ページからの「ペルーへの日本人移民」稲村哲也《いなむらてつや》著を参照）。

ペルー新報社《しんぽうしゃ》の「在《ざい》ペルー邦人《ほうじん》75年の歩み（1899年〜1974年）」という本に、移民第1号から75年間の歴史が記載《きさい》されており、移民した方の都道府県と名前、

年	和暦	年齢	出来事
1906	明治39年	11歳《さい》	3月24日、玉井尋常小学校《たまのいじんじょうしょうがっこう》を卒業
1907	明治40年	12歳《さい》	8月、明治植民会社とペルーのインカゴム社、移民契約締結《いみんけいやくていけつ》
1910	明治43年	15歳《さい》	3月24日、玉井高等小学校を卒業
1910	明治43年	15歳《さい》	8月、韓国併合条約《かんこくへいごうじょうやく》。朝鮮総督府《ちょうせんそうとくふ》を置き、韓国を日本の保護《ほご》国とした
1911	明治44年	16歳《さい》	清国（中国）で辛亥革命《しんがいかくめい》。各地で独立《どくりつ》運動が起きて、清朝《しんちょう》を倒《たお》した
1912	明治45年／大正元年	17歳《さい》	明治天皇《めいじてんのう》が亡《な》くなり、大正天皇《たいしょうてんのう》が即位《そくい》
			1月、中華民国《ちゅうかみんこく》成立

写真と各企業《きぎょう》による広告、歴代在ペルー日本大使の名前、移民時のエピソードが日本語で書かれています。そのなかに、1917（大正6）年の第48航海者名簿《めいぼ》に、与吉の名が記載されていました。1917年1月23日に移民船「紀洋丸《きようまる》」で横浜港から出国し、1917年3月17日にペルーのカヤオ港へ到着《とうちゃく》。サン・ニコラスが移民先であることが判明《はんめい》したのです。

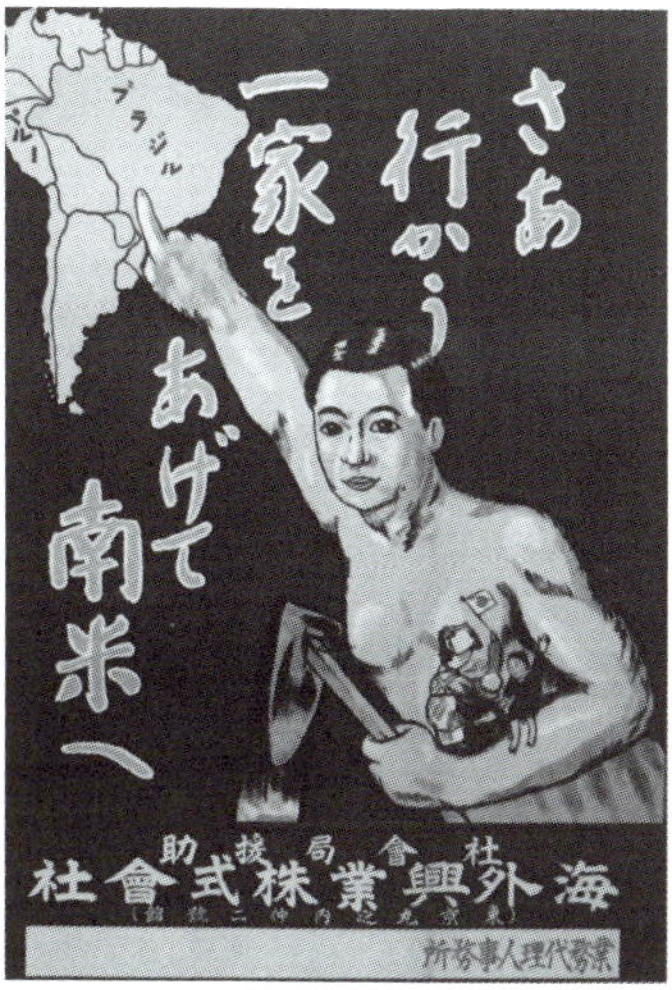

南米移民を促したポスター

1913	大正2年	18歳《さい》	ペルーで日本人協会設立《せつりつ》
1914	大正3年	19歳《さい》	第一次世界大戦勃発《ぼっぱつ》
1914	大正3年	19歳《さい》	東京駅開業。赤レンガの駅舎《えきしゃ》が東京のシンボルに
1917	大正6年	22歳《さい》	1月23日、契約《けいやく》移民としてペルー共和国へ出国（横浜港からカヤオ港へ）

第2章

奮闘《ふんとう》――遠く南米の大地で

1 オスカル・ノウチとして

与吉《よきち》はペルーに到着《とうちゃく》後、サン・ニコラスにある農園で働くこととなりますが、契約内容《けいやくないよう》と現地《げんち》の状況《じょうきょう》のくい違《ちが》い、賃金《ちんぎん》の不払《ばら》いなどといった理由から、農園での仕事を半年で辞め、1917（大正6）年7月頃《ごろ》には、次の仕事を求めて各地を放浪《ほうろう》したようです（ボリビアのサント・ドミンゴで仕事をしていたと与吉《よきち》も証言《しょうげん》しています）。その後、ボリビアとペルーの国境《こっきょう》近くにある、プエルトマルドナド地区へ渡《わた》りました。その地区にあるサン・ハシント・デ・マルドナド教会でカトリックの洗《せん》礼《れい》を受け、「オスカル」という洗礼名《せんれいめい》が与《あた》えられました。

1917	1918	1920	1923
大正6年	大正7年	大正9年	大正12年
22歳《さい》	23歳《さい》	25歳《さい》	28歳《さい》
7月頃《ごろ》、アメリカ、ブラジル、ボリビアに渡《わた》る ロシアで社会主義革命《しゃかいしゅぎかくめい》（ロシア革命《かくめい》）が起こる	第一次世界大戦終了《しゅうりょう》。スペイン風邪《かぜ》の流行	ペルーの首都リマで、日本人小学校開校。日《にっ》秘《ぴ》新報社《しんぽうしゃ》設立《せつりつ》	4月27日、ペルーに戻《もど》りクスコ県プエルトマルドナド地区でクリスチャン名（オスカル）を受ける（オスカル・ヨキチ）

その後は、「オスカル・ノウチ」としてペルーでは知られていたようです。

そして、与吉はクスコ市へ向かい、ペルー国鉄のクスコ・サンタ・アナ鉄道（通称《つうしょう》FCSA）に勤務《きんむ》することとなり、会社専用《かいしゃせんよう》電車の運転や路線拡張《ろせんかくちょう》工事に携《たずさ》わりました。与吉の証言《しょうげん》では、長年鉄道会社で働き、鉄道省の機械修理《しゅうり》で大変苦労したと語っています。

後に筆者の父は同じ鉄道会社で働くことになるのですが、与吉の引退《いんたい》の時に仕事を引き継《つ》ぎ、仕事の工具も渡《わた》されていました。なかには与吉が自ら作った工具もあり、与吉の手先の器用さがわかります。

アンデス山脈をアマゾン川に向かって下る険《けわ》しいウルバンバ渓谷《けいこく》に沿って鉄道工事が進められ、1929（昭和4）年、クスコ市からマキナチャヨ集落（現在《げんざい》のマチュピチュ）までの線路が完成します。その後与吉は、マチュピチュ村となる前のこの集落で、マリア・ポルティージョと一緒に住むこととなりました。

2年後の1931（昭和6）年には長男が生まれ、ホ

1923	1924
大正12年	大正13年
28歳《さい》	29歳《さい》
6月頃《ごろ》、ペルー国鉄クスコ・サンタ・アナ鉄道に勤務《きんむ》。マチュピチュ集落に定住	日秘通商航海条約《じょうやく》を新たに締結《ていけつ》
9月1日、関東大震災《かんとうだいしんさい》。関東地方南部でマグニチュード7・9の大地震《じしん》。地震、火災《かさい》により多くの死傷者《ししょうしゃ》を出した	

当時の鉄道工事の様子

セと名付けるも2歳《さい》で他界。その後、1人の娘《むすめ》と3人の息子に恵《めぐ》まれます。のちに次男のホセは、父の与吉と同様に、1981（昭和56）年から1983（昭和58）年までマチュピチュ村で村長を務《つと》めました。

2 マチュピチュ村の発展《はってん》への貢献《こうけん》

鉄道敷設《てつどうふせつ》の目的は、約160キロ離《はな》れたキリャバンバ付近で採《と》れるカカオ、コーヒー豆などの農産物を、クスコに積み出す輸送手段《ゆそうしゅだん》の確立《かくりつ》でした。しかし与吉は、鉄道という輸送手段も整い、この地区には良質《りょうしつ》な木材も豊富《ほうふ》にあるため、今後の木材需要《じゅよう》の増加《ぞうか》を予測《よそく》し、木材事業の将来性《しょうらいせい》に着目したのだと思われます。

マキナチャヨ集落は、山間の密林《みつりん》のなかに位置していました。そこで、与吉は、木を伐採《ばっさい》しながら、道路を整備《せいび》し、畑も作ったのです。また、村人が遠くの川まで水を汲《く》みにいっているのを見て、山腹《さんぷく》にあった湧《わ》き水から水路を引き、綺麗《きれい》な水を村人へと届《とど》けました。村人は、

1930年頃の与吉

重労働が緩和《かんわ》され、綺麗な水が飲めるようになったと大喜びしたそうです。こうして、与吉は、村人と協力してマチュピチュ村を創《つく》っていきました。

与吉はスペイン語のほか先住民の言語であるケチュア語に通じ、英語も喋《しゃべ》ることができました。さらに、手先がとても器用で、壊《こわ》れた機械の修理《しゅうり》など何でもこなし、優秀《ゆうしゅう》な技術者《ぎじゅつしゃ》として知られていました。こうして与吉は村創設《そうせつ》の草分けとしてだけではなく、生活の実際《じっさい》面《めん》でも必要な人間として、村人の信頼《しんらい》を集めました。

さらに、村の小さな川に、村人と協力して石や丸太を使ってダムを造《つく》り、ダムに貯めた水の力で大きなタービンを回して発電する水力発電所を造って、電気のない村に光をもたらしました。

あまりにもいろんな物を作ってしまうので、「７つの職《しょく》を持つ男」と呼《よ》ばれていたそうです。当時のダムは解体《かいたい》されてしまいましたが、当時使用されていた大きなタービンが現在《げんざい》も村の広場に残されています。

←↑当時のマチュピチュ村

3 世界《せかい》遺産《いさん》マチュピチュへの貢献《こうけん》

１９３５（昭和10）年頃《ごろ》には、この村で初の本格《ほんかく》的木《もく》造建築《ぞうけんちく》である「ホテル・ノウチ」を自ら建設《けんせつ》しました。建物の骨組《ほねぐ》みには線路のレールを利用し、床《ゆか》は当時では高価《こうか》だった木材を用いた、３階建てで21部屋を持つ立派《りっぱ》なホテルでした。村で初めてのホテルを開業した与吉は、自分のホテルを村のために提供《ていきょう》します。１階は村の郵《ゆう》便局《びんきょく》や交番として無償《むしょう》で提供し、のちには２階も村長室や裁判所《さいばんしょ》として提供しました。こうして、「ホテル・ノウチ」が村の中心となって、マチュピチュ村は発展《はってん》していったのです。

当時、マチュピチュ遺跡《いせき》はまだ観光地として有名ではなく、学者や探検家《たんけんか》が調査《ちょうさ》として訪《おとず》れていただけでした。語学が堪能《たんのう》な与吉は、マチュピチュ遺跡を隅々《すみずみ》まで知り尽《つ》くしており、ガイドもしていました。そして、１９３５（昭和10）年、実業家の天野芳太郎《あまのよしたろう》がマチュピチ

1929	1935	1937	1939
昭和4年	昭和10年	昭和12年	昭和14年
34歳《さい》	40歳《さい》	42歳《さい》	44歳《さい》
アメリカ株式市場《かぶしきしじょう》大暴落《だいぼうらく》、世界恐慌《せかいきょうこう》に拡大《かくだい》。ペルーでも労働人口の１／４が失業した	マチュピチュ集落に村唯一《ゆいいつ》のホテル（ノウチ・ホテル）開業	日中戦争開始。７月の盧溝橋事件《ろこうきょうじけん》をきっかけに、第一次近衛文麿内閣《このえふみまろないかく》が、華北《かほく》へ派兵《はへい》。全面戦争へと発展《はってん》した	４月、マチュピチュ集落最高責任者《せきにんしゃ》である行政官《ぎょうせいかん》に任命《にんめい》される

ユ遺跡を訪問《ほうもん》した際《さい》に、与吉が同行し、案内をつとめます。天野芳太郎は南米各国で事業を展開《てんかい》し、さらにアンデス文明の研究をする中で収集《しゅうしゅう》した文化遺産を保存《ほぞん》するべく、ペルーのリマに「天野博物館」を創設《そうせつ》した人物です（詳《くわ》しくは87ページからの「第2部：古代アンデス文明と日本人」を参照）。

村のことを常《つね》に考え、村人に信頼《しんらい》された与吉は、1939（昭和14）年から、マチュピチュ村が正式に村となるまで、マチュピチュ集落の最高責任《せきにん》者である行政官《ぎょうせいかん》を務《つと》めました。

ホテル・ノウチの前で撮影された一枚。右端が与吉

第3章

戦争――そして希望へ

1 第二次世界大戦《だいにじせかいたいせん》と与吉の運命

1938（昭和13）年、ペルーは連合国側《れんごうこくがわ》で第二次世界大戦に参戦し、1941（昭和16）年に太平洋戦争が始まると、ペルー政府《せいふ》は日本語新聞の発行禁止《はっこうきんし》、日系人《にっけいじん》資産《しさん》の凍結措置《とうけつそち》などと共に、「正規《せいき》の入国手続きを経《へ》ていない不法入国」を理由に、おもだった日本人及《およ》び日系人を逮捕《たいほ》しました。最終的にアメリカ政府《せいふ》は、中南米《ちゅうなんべい》諸国《しょこく》の13ヶ国に住む約2000人の日系人及び日本人移《い》民《みん》をアメリカ国内の強制収容所《きょうせいしゅうようじょ》に強制《きょうせい》連行します。そのうち80％はペルー移民及びその日系子孫のペルー人でした。

1939	1940	1941	
昭和14年	昭和15年	昭和16年	
44歳《さい》	45歳《さい》	46歳《さい》	
第二次世界大戦始まる。9月にドイツのポーランド侵略《しんりゃく》から、英仏《えいふつ》が宣戦布告《せんせんふこく》。大戦に発展《はってん》した	5月13日、ペルーで排日暴動《はいにちぼうどう》が起こり、日本人が多大な被害《ひがい》を受ける。24日、大地震《じしん》が起こり、暴動は沈静《ちんせい》化	10月1日、マチュピチュ村の創設《そうせつ》（行政《ぎょうせい》区分によりマチュピチュ集落から村に）	ハワイ真珠湾攻撃《しんじゅわんこうげき》。12月8日未明、ハワイに駐留《ちゅうりゅう》していたアメリカ太平洋艦隊《かんたい》を日本海軍が攻撃《こうげき》。太平洋戦争の発端《ほったん》となった

与吉の元にも憲兵《けんぺい》が派遣《はけん》されましたが、村人は、自分にも危険《きけん》が及《およ》ぶ可能性《かのうせい》があるにもかかわらず「日本人はいない」と与吉の身を守ったといいます。

その後、与吉はマリア・ポルティージョと別れ、4人の子供《こども》を引き取ることとなります。そして、のちに生《しょう》涯《がい》を共にする、筆者の祖母《そぼ》であるマリア・モラレスと結《けっ》婚《こん》しました。1945（昭和20）年には、マチュピチュ村で筆者の父が生まれ、その後も6人の子供《こども》に恵《めぐ》まれました。祖母《そぼ》は、家事だけでなく、ホテル業も手伝っていたそうです。

2 マチュピチュ村村長に任命《にんめい》

1947（昭和22）年、マチュピチュ村の川が氾濫《はんらん》し、村は大きな土砂災害《どしゃさいがい》に見舞《みま》われました。そこで与吉は村人たちと共に、地方政府あてに緊急《きんきゅう》支援《しえん》を依頼《いらい》します。そして1948（昭和23）年、地方政府からの命令で、復興《ふっこう》のために与吉がマチュピチュ村村長に任命《にんめい》されまし

1942	昭和17年	47歳《さい》	ペルーと日本、国交断絶《こっこうだんぜつ》。邦字《ほうじ》新聞発行停止。外交官と在留民《ざいりゅうみん》の一部、パナマ経由《けいゆ》で北米収容所へ送られる
1945	昭和20年	50歳《さい》	ペルー、対日宣戦布告《せんせんふこく》（2月）。リマ日本人小学校接収《せっしゅう》される（6月）。北米サンタフェ収容所の100名帰還《きかん》始まる（10月）
			9月2日、東京湾《わん》に停泊《ていはく》中の米戦艦《べいせんかん》ミズーリ号上で、日本が降伏文書《こうふくぶんしょ》に調印《ちょういん》
1947	昭和22年	52歳《さい》	10月20日、マチュピチュ村大災害《さいがい》（土砂崩《どしゃくず》れ）発生
			5月3日、日本国憲法施行《にほんこくけんぽうしこう》
			ペルー、日本人集会禁止令《きんしれい》、日本語使用禁止令の解除《かいじょ》

た。当時の土砂災害《どしゃさいがい》を伝える新聞記事にも与吉の名が記《き》載《さい》されていますし、村人の結婚証明書《けっこんしょうめい》にも与吉の村長としてのサインが残っています。

与吉と村人たちの懸命《けんめい》の努力の甲斐《かい》もあって、マチュピチュ村は復興《ふっこう》しましたが、マチュピチュ村の奥《おく》のキリヤバンバが鉄道の終点駅になったことで、マチュピチュ村に訪《おとず》れる人が少なくなり、村を出る人が多くなったそうです。与吉もまた、1952（昭和27）年にペルー国鉄クスコ－サンタ・アナ鉄道で再度《さいど》働くため、村を出ます。彼《かれ》は鉄道の仕事を定年まで勤《つと》めあげ、この仕事を息子のひとりであるノウチ・セサル・モラレス（筆者の父）に引き継《つ》ぎました。

3 半世紀ぶりの故郷《こきょう》へ

与吉がペルーで壮絶《そうぜつ》な人生を歩んでいる頃《ころ》、福島県の家族は音信不通で消息がわからない与吉を心配していました。そんな家族の想いが通じたのか、1958（昭和

西暦	和暦	年齢	出来事
1948	昭和23年	53歳《さい》	6月、マチュピチュ村の復興《ふっこう》のため、マチュピチュ村村長に任命《にんめい》される
1950	昭和25年	55歳《さい》	6月、朝鮮戦争勃発《ちょうせんせんそうぼっぱつ》。北朝鮮《きたちょうせん》が南北統合《とうごう》を目的に韓国《かんこく》へ侵攻《しんこう》
1951	昭和26年	56歳《さい》	9月、日米安全保障条約調印《にちべいあんぜんほしょうじょうやくちょういん》
1952	昭和27年	57歳《さい》	4月、ペルー国鉄クスコ・サンタ・アナ鉄道に再度勤務《さいどきんむ》
1953	昭和28年	58歳《さい》	2月、NHKTV放送開始
			7月、朝鮮戦争終了《しゅうりょう》
1955	昭和30年	60歳《さい》	ペルーで、日本人資産凍結解除《しさんとうけつかいじょ》。ペルー中央日本人会再結成《さいけっせい》

33）年、三笠宮殿下《みかさのみやでんか》がペルーを訪《おとず》れ、マチュピチュ遺《い》跡《せき》を見学した際《さい》に、与吉の長女オルガ・ノウチが三笠宮殿下に花束を贈呈《ぞうてい》。その出来事が日本の新聞記事となったのです。「インカの三笠宮さま遺跡発掘《いせきはっくつ》にお立会い野の花もって日本女性《じょせい》の歓迎《かんげい》」の見出しで始まる記事には「日本人野内与吉さん福島県出身」と記載《きさい》されており、これを日本にいる家族が目にし、与吉の消息を知りました。そして日本大使館を通じて与吉と連絡《れんらく》をとり、家族が旅費を集め、１９６８（昭和43）年、故郷《こきょう》の福島県大玉村に51年ぶりに帰郷《ききょう》することができたのです。

4　与吉の死――家族に見守られて

与吉の両親は既《すで》に他界していましたが、兄弟や親戚《しんせき》らが彼《かれ》を出迎《でむか》えました。与吉は日本に着くと「電気はついたか？」と質問《しつもん》したそうです。日本を離《はな》れていた51年という年月の長さが伝わってきます。

滞在《たいざい》中は、マチュピチュ遺跡に関する講演会《こうえんかい》を開くな

1956	昭和31年	61歳《さい》	12月、国連総会《こくれんそうかい》、日本加盟可決《かめいかけつ》
1958	昭和33年	63歳《さい》	7月、三笠宮殿下《みかさのみやでんか》がマチュピチュ遺跡《いせき》見学の際、野内与吉の長女オルガ・ノウチが花束を贈呈《ぞうてい》
1959	昭和34年	64歳《さい》	キューバ革命《かくめい》。1月、カストロ、ゲバラらが革《かく》命政府樹立《めいせいふじゅりつ》
1960	昭和35年	65歳《さい》	1月、日米で新安保条約《あんぽじょうやく》・行政協定《ぎょうせいきょうてい》調印
			9月、日本でカラーTV本放送開始
1964	昭和39年	69歳《さい》	10月、東海道新幹線《とうかいどうしんかんせん》開通。東京オリンピック開催《かいさい》
1966	昭和41年	71歳《さい》	ビートルズ来日

ど、村人にペルーの魅力《みりょく》を伝えました。また、地元の新聞やラジオ番組に出演《しゅつえん》すると、半世紀ぶりの帰郷《ききょう》に「今世浦島《こんせうらしま》（現代《げんだい》の浦島太郎《うらしまたろう》）」と紹介《しょうかい》されました（その音声も残っています）。福島の家族は、日本にとどまるよう説得しましたが、「ペルーには妻《つま》や子供《こども》たちが待っている」と、日本の家族に別れを告げます。

そして、クスコに戻《もど》ってわずか２ヶ月後の１９６９（昭和44）年８月29日、与吉はペルーの家族に見守られて、息を引き取りました。

1968	1969
昭和43年	昭和44年
73歳《さい》	74歳《さい》
7月、故郷《こきょう》である福島県大玉村に帰郷《ききょう》	8月29日に亡《な》くなる

日本に帰国前に撮影された一枚

終章

架《か》け橋——ペルーと日本の未来へ

与吉《よきち》の孫、野内《のうち》セサル良郎《よしろう》の活動

　本稿《ほんこう》の筆者である野内セサル良郎は、ペルーのクスコ市で生まれ、16歳《さい》で日本へ来日しました。日本で学校に通い、働きながら、２００４（平成16）年から、名古屋市の国際交流団体《こくさいこうりゅうだんたい》に所属《しょぞく》し、マチュピチュ遺跡《いせき》などペルー文化を紹介《しょうかい》する講師《こうし》として、ペルー料理やダンス、民族音楽などの文化紹介に努めてきました。祖父《そふ》である与吉《よきち》についても、これまでさまざまな場所で紹介しています。

　２０１１（平成23）年９月、愛知県犬山市にある野外博物館リトルワールドでは、マチュピチュ「発見」１００周年記念の古代アンデス文明展示会《てんじかい》が開催《かいさい》され、その際《さい》に講演《こうえん》を行ないました。祖父与吉の歴史を多くの方に知っていただきたいと願い、活動を続けてきたのです。

　そして、２０１２（平成24）年６月、福島県大玉村内外の方々《かたがた》21名とペルーを訪問《ほうもん》し、大玉村村長から預《あず》かった親書をマチュピチュ村長に渡《わた》し、姉妹提携に向けての交流を依頼《いらい》しました。

　与吉の歴史はこれまでほとんど知られておらず、ペルーでの現地調査《げんちちょうさ》は行なわれていませんでした。筆者は祖父の歴史を後世に伝える必要があると思い、祖父の足《そく》跡《せき》を調査《ちょうさ》することにしたのです。

　ペルーのカトリカ大学で研究の途中《とちゅう》経過《けいか》を発表し、新聞にも取り上げられました。与吉の歴史は、以前は

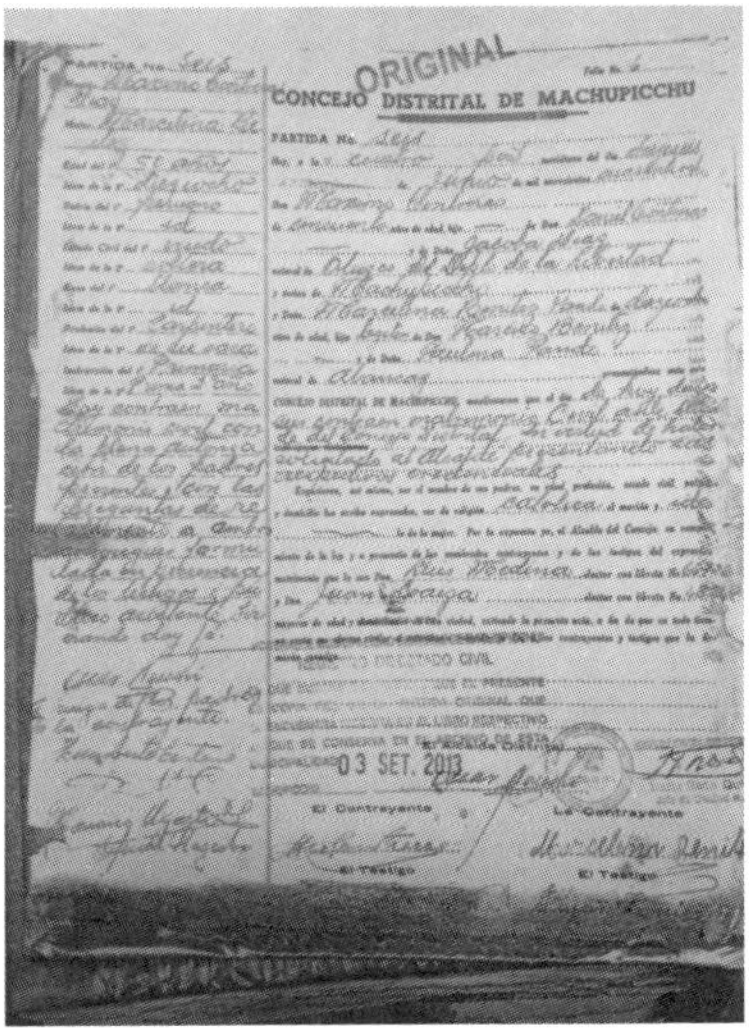

1948年の村人の結婚証明書に与吉のサインを発見

証言《しょうげん》のみで、証拠《しょうこ》となる書類などが見つかっていませんでした。しかし、筆者が現地在住《げんちざいじゅう》の親戚《しんせき》と共にマチュピチュ区役所で古い資料《しりょう》を調査《ちょうさ》した結果、1939（昭和14）年に発行された村人の出生証明《しょうめい》書に区役所の印と最高責任者欄《せきにんしゃらん》に与吉のサインを発見したのです。

マチュピチュ村が正式に村となるのは1941（昭和16）年ですが、与吉はその直前に村の実質《じっしつ》的な最高責任者となっており、初代村長といっても過言《かごん》ではありません。

さらに、1948（昭和23）年発行の村人の結婚《けっこん》証明書に村長として与吉のサインを発見しました。これらの発見を区役所に提出《ていしゅつ》し、2013（平成25）年には、1948年に与吉が村長を務《つと》めていたことを正式に認《みと》めてもらいました。また、2014（平成26）年には、1939（昭和14）年に与吉が当時のマチュピチュ集落の最高責任者であった行政官《ぎょうせいかん》を務《つと》めていたことを正式に認めてもらいました。

そして、祖父与吉について多くの方に知ってもらいたいという願いと、ペルーと日本の国際交流《こくさいこうりゅう》を深める目的で、2014年4月1日「日本マチュピチュ協会」を設立《せつりつ》しました。マチュピチュ村や周辺の小学校へ、日本の方々《かたがた》から寄付《きふ》していただいた学用品を届《とど》けるプロジェクトも開始し、2016年7月現在《げんざい》で4回、学用品をマチュピチュ村の小学校へ寄付しました。

2015（平成27）年1月には、東京大学総合研究《そうごうけんきゅう》博物館主催《しゅさい》の展示会《てんじかい》「黄金郷《おうごんきょう》を彷徨《さまよ》う―アンデス考古学の半世紀」に、与吉の手作りの工具が展示され、彼《かれ》の歴史についての紹介《しょうかい》もありました。多くの方に来場していただき、大変光栄でした。

現在、私は名古屋の南山大学大学院にて与吉について研究中で、現在までに判明《はんめい》した事実は、研究成果として報告《ほうこく》しています。

今後も、祖父野内与吉と、日本とペルーの交流の歴史について研究を進めるとともに、両国の友好の発展《はってん》に向け、協会を通じて尽力《じんりょく》していきたいと思います。

2015年10月、マチュピチュ村と
大玉村が友好都市提携を結んだ

ペルーへの日本人移民《いみん》

著：稲村哲也《いなむらてつや》

はじめに

野内与吉のペルー移住《いじゅう》、与吉が当初働いたアシエンダ（大農園）、第二次世界大戦前後のペルー、そして、与吉がマチュピチュ村の住民の庇護《ひご》によって免《まぬが》れたという「日本人移民の北米への強制収容《きょうせいしゅうよう》」とは何だったのか、その背景《はいけい》を知るために、日本人移住の経緯《けいい》とその実情《じつじょう》を紹介《しょうかい》する。

ここでは、第一航海移民の岡田幾松《おかだいくまつ》という人物にも光を当てることにしよう。

その理由は、ペルーの地域《ちいき》社会と関わった、日本人移民のもう一つの知られざる物語として興味深《きょうみぶか》いこと、そして、その物語を通じて日本人のペルー移民の歴史をよりリアルなものとして理解《りかい》できるからである。

ペルー綿花王・岡田幾松

アシエンダ（大農園）の労働力

南米大陸の西岸に沿《そ》って南北に貫《つらぬ》くアンデス山脈の中央に位置する国ペルーは古代インカ帝国《ていこく》の中心であった。1532～33年、インカ第13代皇帝《こうてい》アタワルパは、皇位継承《こういけいしょう》争いの勝利に酔《よ》いしれる間もなく、黄金郷《おうごんきょう》を求めて海を渡《わた》ってきたスペイン人征服者《せいふくしゃ》たちの手に落ちた。以後、インディオ（先住民）たちの受難《じゅなん》の歴史が始まった。

スペイン植民地《しょくみんち》となった南北アメリカ大陸では、16世紀末頃《ごろ》から大土地所有制《だいとちしょゆうせい》に基《もと》づく、アシエンダ（大農園）制が発達した。植民地官吏《かんり》、富裕《ふゆう》商人、カトリック修道会《しゅうどうかい》などがインディオの土地を次々《つぎつぎ》と収奪《しゅうだつ》して広大な土地を手に入れ、大規模《きぼ》な農業経営《けいえい》を行なった。ペオンと呼《よ》ばれたインディオ労働者は、賃金《ちんぎん》の先払《さきばら》いや生活必需品《ひつじゅひん》の掛《か》け売りなどによる借金に縛《しば》られた。一方で、アシエンダ内において必要最低限《げん》のものは供給《きょうきゅう》された。つまり、アシエンダは一種の閉鎖《へいさ》的な共同体をなしていた。ペオンたちはパトロン（主人）に従う限《かぎ》りにおいては、その内部で一定の安全と安定を確保《かくほ》することはできた。アセンダードと呼ばれた農園主は、農産物を鉱山《こうざん》や都市に供給《きょうきゅう》し、あるいは輸出《ゆしゅつ》して莫大《ばくだい》な利益《りえき》をあげ、豪壮《ごうそう》な邸宅《ていたく》に住み、贅沢《ぜいたく》に耽《ふけ》った。このアシエンダ制は

現在のチャンカイ谷とアシエンダ「カキ」

ペルーでは1969年の農地改革《のうちかいかく》まで存続《そんぞく》した。

しかし、アシエンダはまもなく労働力《ろうどうりょく》の不足に直面する。インディオたちの人口が、スペイン人による虐《ぎゃく》待《たい》や、それ以上に、ヨーロッパから持ち込《こ》まれた新しい疫病《えきびょう》によって減少《げんしょう》したからである。労働力の不足はアフリカ系《けい》の奴隷《どれい》によって補《おぎな》われた。

ペルーでサトウキビの栽培《さいばい》が盛《さか》んになり、さらに労働力が不足するようになると、1849年以後、ポルトガル領《りょう》マカオからクーリー（苦力）と呼《よ》ばれる中国人労働者が送り込まれるようになった。その多くは、「ペルーに行けば楽にお金が稼げる」という甘い言葉に釣《つ》られて契約《けいやく》した農民や漁民、路上生活者などで、半ば奴隷同然に船に積み込まれた。

ペルーは1821年の独立の時に奴隷制《どれいせい》の廃止を謳《うた》っていたが、実際に廃止になったのは1854年である。奴隷制が廃止されると、クーリーの需要《じゅよう》はさらに高まった。

クーリーも実は日本の移住《いじゅう》史と深くかかわっている。1872（明治5）年に起こった「マリア・ルス号事件《じけん》」がペルーとの国交開始のきっかけになったからである。太平洋を航行中のペルー船マリア・ルス号（350トン）が暴風雨《ぼうふうう》に遭遇《そうぐう》し、応急修理《おうきゅうしゅうり》のため横浜港《よこはまこう》に寄《き》港《こう》した。そのとき、マリア・ルス号に乗っていたクーリーが脱走《だっそう》して停泊《ていはく》中の英国艦《かん》に泳ぎ着き、保護《ほご》を求めた。日本政府《せいふ》は、クーリーたちがだまされ虐待《ぎゃくたい》を受けていたとして、230人全員を解放《かいほう》した。この事件は、日本とペルー政府《せいふ》の間に長期にわたる紛争《ふんそう》を引き起こしたが、1873（明治6）年にロシア皇帝《こうてい》の仲裁《ちゅうさい》で解決《かいけつ》し、それを契機《けいき》に両国の間に日秘修交仮条約《にっぴしゅうこうかりじょうやく》が締結《ていけつ》され、ペルーは南米で最初に国交が結ばれる国となった。

クーリーは25年間で約10万人がペルーに送り込《こ》まれたが、清国政府《せいふ》からの抗議《こうぎ》もあり、1874（明治7）年には禁止《きんし》された。そして、その後に日本人の移民《いみん》が続くことになる。

日本人ペルー移住《いじゅう》のはじまり

日本のペルー移住は、周防《すおう》（山口県）岩国藩士《いわくにはんし》の子の田中貞吉《たなかさだきち》という人物によって道が開かれた。彼《かれ》は、1882（明治5）年から8年間、海軍留学生《りゅうがくせい》としてサンフランシスコで学んだが、その時の同僚に、のちにペルー大統領《だいとうりょう》となるレギアがいた。

田中は日清戦争に従軍《じゅうぐん》し、退役《たいえき》後の1898（明治31）年、移民取扱業《とりあつかいぎょう》「森岡《もりおか》商会」の代理人として、海外移民事情視察《いみんじじょうしさつ》のため南米に渡《わた》った。田中はペルーで再《ふたた》びレギアと会い、移民受け入れの提案《ていあん》を受けた。当時は、ハワイや北米で起こり始めていた排日《はいにち》運動によって、移民事業は大きな壁《かべ》につきあたっていたため、日本政府《せいふ》は大きな関心を示《しめ》し、公使をペルーに派遣《はけん》した。結局、レギアらの働きかけによって日本人移民許可《きょか》の大《だい》統領令《とうりょうれい》が公布《こうふ》され、田中はペルーの農園主との間に移民契約《けいやく》を結んだ。

移民の年齢《ねんれい》は20歳《さい》から45歳、契約期間は4年、日給は1ソル20センタボ（邦貨《ほうか》1円余《あまり》に相当）、住居《じゅうきょ》・医療《いりょう》施設《しせつ》、労働に必要な器具などは雇《やと》い主が整える、などの取り決めがなされた。

「森岡商会」が直ちに移住希望者の募集《ぼしゅう》を行なった。そして、早くも翌年《よくねん》の1899（明治32）年2月8日に、790名の移民を乗せた「佐倉丸《さくら》」が横浜《よこはま》港を出航し、4月3日にリマ市のカヤオ港に到着《とうちゃく》した。「佐倉丸」はその後ペルー海岸線に沿《そ》って巡航《じゅんこう》し、移民たちが、それぞれ配属《はいぞく》先のアシエンダに近い港に順次降《お》ろされていった。

移民たちの前途《ぜんと》は、しかし、惨憺《さんたん》たるものだった。住居《じゅうきょ》や衛生状態《えいせいじょうたい》は悪く、疫病《えきびょう》で倒《たお》れる者が続出した。しかも、サトウキビ畑の労働は厳《きび》しく、給料はノルマ制《せい》に変えられたため、約束の金額《きんがく》を稼《かせ》ぐことはできなかった。アシエンダはインディオ、アフリカ系奴隷《けいどれい》、クーリーを酷使《こくし》してきた300年の歴史をもっていたが、それに新たに日本人移民が加わったわけである。アシエンダの支配人《しはいにん》や監督《かんとく》にとっては、クーリーも日本人も違《ちが》いはなかった。後悔《こうかい》しても帰国するてだてはなく、最初の１年間で１００人以上が帰らぬ人となった。

窮状《きゅうじょう》を訴《うった》える嘆願書《たんがんしょ》が相次いで出されたため、外《がい》務省《むしょう》は翌年《よくねん》の１９００（明治33）年、メキシコに勤務《きんむ》していた野田良治《のだりょうじ》をペルーに派遣《はけん》した。各アシエンダを視察《しさつ》した野田は、ストライキの蔓延《まんえん》、農園主と移民の確執《かくしつ》、低収入《しゅうにゅう》、死亡者《しぼうしゃ》の続出を目のあたりにし、「移民全員を帰国させた方がいい」と報告《ほうこく》した。しかし、次の報告では「状況《じょうきょう》は改善《かいぜん》しておりしばらく事態《じたい》を見たい」と変わった。その後、森岡商会《もりおかしょうかい》は「契約《けいやく》満期の移民のため汽船を送るのに多額《たがく》の金がかかる。往路《おうろ》、空船《からぶね》では損失《そんしつ》が大きいから第2回の移民を送りたい」として、外務省の許可《きょか》を得た。こうして、多くの問題を抱《かか》えながらもペルー移住は継続《けいぞく》されることになった。

しかし、契約満了者で蓄財《ちくざい》を成し帰国できるものは僅《わず》かだった。かといって、アシエンダと再契約《さいけいやく》する者も少なかった。彼らの多くは首都に移動《いどう》し、家内労働者や、露天商《ろてんしょう》や理髪業《りはつぎょう》などの小事業に従事《じゅうじ》した。

多くの移民がペルーに定着するようになると生活はある程度《ていど》安定し、日本人移民社会の発展《はってん》が始まった。１９１７（大正６）年には中枢団体《ちゅうすうだんたい》としての「ペルー中央日本人会」が組織《そしき》された。野内与吉が第48航海でペルーに渡ったのはこの年である。

契約移民は１９２３（大正12）年に廃止《はいし》となった。その理由は、アシエンダの多くがサトウキビ栽培《さいばい》から綿花《めんか》栽培に切り換《か》えたため、移民の需要《じゅよう》に変化が生じたことに加え、新来の移民《いみん》はアシエンダで縛《しば》られるのを嫌《きら》い、移民会社に賠償《ばいしょう》を支払《しはら》うのを覚悟《かくご》して、到着《とうちゃく》後に配属《はいぞく》先から出てしまう者が多くなったことなどである。結局、移民会社によって輸送《ゆそう》された移民は、25年間に計１７７６４名にのぼった。そして、１９２３（大正12）年以後は、「呼《よ》び寄《よ》せ移民」（日本人移民の親族などに呼ばれる自由移民）に限《かぎ》られることになった。

都市でチャンスを活かし成功する日本人が増《ふ》えていく一方で、アシエンダでの労働は著《いちじる》しく不利なものだという認識《にんしき》が広まった。広大で肥沃《ひよく》な未開墾地《かいこんち》の開発が可《か》能《のう》なブラジルなどと違《ちが》い、ペルーで日本人が入耕《たがや》したのは、雨がほとんど降《ふ》らない乾燥《かんそう》した海岸地帯であり、農業適地《てきち》はアンデス山脈の雪融《ゆきど》け水が太平洋に注ぐ河《かわ》の流域《りゅういき》に限《かぎ》られている。そうした河谷《かこく》は肥沃《ひよく》であり、古代から地域《ちいき》毎に多様な文明が花開いたのであるが、征服《せいふく》以後はほとんど貴族《きぞく》的なスペイン系《けい》のアセンダード（農園主）が所有していた。ペルーでは、一介《いっかい》の移民が農場を経営《けいえい》して成功するということは、当初は考えられないことだった。

アシエンダと日本人

愛知県犬山市にリトルワールドという野外民族博物館（館長は大貫良夫《おおぬきよしお》東京大学名誉教授《めいよきょうじゅ》）がある。世界の民家を移築《いちく》したり、実物大に復元《ふくげん》して展示《てんじ》する博物館である。筆者は以前その博物館に勤務《きんむ》していたが、１９８８年、そこにアシエンダ（大農園）領主邸《りょうしゅてい》を建築《けんちく》した。ペルー海岸地方のチャンカイ河谷（リマの北方約70キロ）にある、「カキ」という旧《きゅう》アシエンダをモデルとして現地調査《げんちちょうさ》を実施《じっし》し、実物大に復元したものである。その完成が間近いとき、和歌山県から尾田《おだ》セツエさんとそのご家族が訪《たず》ねてこられ、アルバムを示《しめ》しながら「わたしたちはカキに住んでいました」と言われたのに大変

野外民族博物館リトルワールドにおける建設したアシエンダ領主邸

岡田幾松の２人の姪、セツエさん、ムツノさん
アシエンダの支配人との結婚式

驚《おどろ》いた。

セツエさんは、移民として成功した叔父《おじ》の岡田幾松《おかだいくまつ》の「呼《よ》び寄《よ》せ」によって1933年（昭和8年）に妹のムツノさんとともにペルーに渡《わた》った。その叔父にあたる広島県出身の岡田幾松は第一回契約《けいやく》移民のひとりで、アシエンダで働くペオン（日雇《ひやと》い労働者）から身をおこし、チャンカイ河谷《かこく》の6つのアシエンダを経営《けいえい》するに至《いた》った人物である。アシエンダ「カキ」も岡田が経営するところとなり、そこの支配人《しはいにん》を任《まか》されていた尾田善吉《おだぜんきち》にセツエさんが嫁《とつ》ぎ、別のアシエンダ「ミラフローレス」の支《し》配人《はいにん》であった影本勝《かげもとまさる》に妹のムツノさんが嫁いだのだという。21才のとき地球の裏側《うらがわ》に嫁いでいったセツエさんは、アシエンダ支配人夫人として現地《げんち》で生活し、5人のお子さんをもうけた。しかし、第二次世界大戦が始まると、日本人移民の財産《ざいさん》は凍結《とうけつ》され、岡田幾《おかだいく》松や尾田一家は北米テキサス州の収容所《しゅうようじょ》（家族収容所）に送られた。尾田《おだ》さんは収容所の中でさらに娘《むすめ》さんを産んだ。終戦後、帰国した一家は尾田善吉の郷里《きょうり》である和歌山県の勝浦《かつうら》に落ちつき今日に至《いた》った、とのことであった。一方のムツノさんの一家は、北米への収容を免《まぬが》れ、その後もペルーに在住《ざいじゅう》した。

セツエさんらが、リトルワールドで建設《けんせつ》されたアシエンダのことを知ったのは、ペルー在住の妹のムツノさんが、現地の新聞で「日本で再現《さいげん》されるアシエンダ」の記事を見て、知らせたからだという。その記事は筆者がペルーの新聞社に提供《ていきょう》したものだった。セツエさんは、帰国後、ペルーの生活について他人に話したことはほとんどなかったという。終戦後は「裕福《ゆうふく》だったペルーのアシエンダ支配人の生活」に、耳を傾《かたむ》けてくれる人はいなかったからである。セツエさんは筆者に会うと、堰《せき》をきったようにペルーの思い出を語りはじめた。

翌年《よくねん》1989年、筆者がペルーに行くとき、セツエさんと誘《さそ》った。そして、セツエさんと娘《むすめ》さんたちが46年ぶりにペルーに戻《もど》ることになった。

「綿花王《めんかおう》」と呼ばれた日本人移民

ワラル市発刊《はっかん》の地方新聞の記事やセツエさん、ムツノさんら関係者の話を総合《そうごう》すると、岡田幾松の成功の背景を次のように再現《さいげん》することができる。

20世紀初頭から国際《こくさい》的な砂糖《さとう》相場が下落したため、サトウキビから綿花《めんか》の栽培《さいばい》に切り替《か》えるアシエンダが多くなった。アシエンダが綿花の栽培に切り替《か》えると、日本人移民のなかには、チャンカイ谷の第一航海移民の岡田幾松のように、ヤナコン（借地小作）として、綿花栽培に着手して成功する者も出てきた。集約的農業に慣《な》れた日本人の手にかかると耕地《こうち》は着実に生産性《せいさんせい》を上げた。第一次世界大戦勃発《ぼっぱつ》により、綿の価格《かかく》が暴騰《ぼうとう》したことも、岡田にとっては幸運であった。

当時、砂糖の暴落《ぼうらく》により、地主が耕地を抵当《ていとう》に入れて銀行から金を借り、経営《けいえい》に失敗するということが相次いだ。このような状況《じょうきょう》下で耕地が荒廃《こうはい》したことは、岡田にとって大きなチャンスとなった。1923（大正12）年、岡田は荒廃したアシエンダ「ワカ」の全耕地約600ヘクタールを借地し、アシエンダ経営に乗り出した。彼《かれ》は、マラリアの温床《おんしょう》であった沼沢地《しょうたくち》に排水溝《はいすいこう》を設《もう》け、深い藪《やぶ》を切り開いた。さらに、耕地内に道路を整備《せいび》し、電気や水道を敷設《ふせつ》した。

岡田は、3年後の1926（大正15）年には、アシエンダ「カキ」、その5年後には「ミラフローレス」とも借地契約《けいやく》を結んだ。地主たちが、ペルー人よりもむしろ、耕地《こうち》を開拓《かいたく》し改良してくれる日本人移民《いみん》に、土地を提《てい》供《きょう》することを好むようになるのは、当然の成りゆきだった。こうして岡田は、1936（昭和11）年までに、チャンカイ河谷《かこく》にある22のアシエンダのうち6つを経営するに至《いた》った。そして、広島県出身者を中心に、多くの移民がチャンカイに集まり、岡田のアシエンダの小作となった。

現地で「岡田御殿」と呼ばれた邸宅。最盛期にペルー大統領も訪問した。

　地方新聞「エル・エコー・デル・バージェ（谷のこだま）」の1934（昭和9）年独立《どくりつ》記念日（7月28日）特集号に、岡田経営のアシエンダが大きく報道《ほうどう》されている。それによれば、アシエンダ「ヘスス・デル・バージェ」に綿《わた》の種を取り除《のぞ》く最新の「精綿《せいめん》工場」が建設《けんせつ》され、輸出《ゆしゅつ》のため港に通じる鉄道も敷設《ふせつ》された。また、岡田は耕作《こうさく》用の雄牛《おうし》65頭、トラクタ118台、乗用車10台、トラック9台を所有していた。

　岡田《おかだ》はワラル市の中心街に三階建ての瀟洒《しょうしゃ》な邸宅《ていたく》「パラシオ・デ・オカダ（岡田御殿《おかだごてん》）」を建て、そこに6つのアシエンダを統括《とうかつ》する「岡田商会」の事務所《じむしょ》とチャンカイ河谷で最も大きな雑貨店《ざっかてん》を経営した。そして1936年には、ワラルにインカ学園という立派《りっぱ》な日本人学校を設立《せつりつ》した。その建物は現在《げんざい》もペルーの小学校として使われている。また、道路や診療所《しんりょうじょ》の建設《けんせつ》、サッカーの「オカダ杯《はい》」を設立《せつりつ》してスポーツ振興《しんこう》にも貢献《こうけん》した。チャンカイに大きな日本人コミュニティができあがったのである。

岡田幾松とチャンカイ河谷の日本人移民社会。日本式の祭も催された。

アシエンダの小作「ヤナコン」

ヤナコンという語はインカ時代に遡《さかのぼ》る。インカ帝国《ていこく》では、共同体で生活する庶民《しょみん》（平民）とは別に、皇帝《こうてい》や貴族《きぞく》、地方長官などの直属《ちょくぞく》する一種の奴隷《どれい》的身分とされる人々《ひとびと》がおり、それが「ヤナ」（複数《ふくすう》はヤナコナ）と呼《よ》ばれていた。スペイン人がインカ帝国《ていこく》を征服《せいふく》してからは、軍隊や鉱山《こうざん》、農場、家内で使役するインディオを広く指すようになり、やがて、アシエンダの小作人を意味するようになった。

チャンカイ河谷におけるヤナコンは１５８７年にカトリックのイエズス会（修道会《しゅうどうかい》）がアシエンダ経営を行ない、サトウキビ栽培《さいばい》を開始した時に遡《さかのぼ》る。この時期のヤナコンは、アシエンダの周縁《しゅうえん》の耕地《こうち》でインディオがトウモロコシや野菜などの自給作物を栽培《さいばい》する極めて小規模《きぼ》なものであった。ヤナコンが栽培する食糧《しょくりょう》はアシエンダの奴隷の食事などに供給《きょうきゅう》されており、小作料は支払《しはら》われなかった。

ヤナコン制《せい》に大きな変化が起こるのは１９００年代初頭からである。すでに述《の》べたように、この時期に砂糖価《さとうか》格《かく》の暴落《ぼうらく》が起こり、さらに、第一次世界大戦が勃発《ぼっぱつ》すると、綿《わた》の値段《ねだん》が高騰《こうとう》し、それがアシエンダに綿花栽培《めんかさいばい》への転換《てんかん》を促《うなが》した。綿花は、サトウキビの栽培による製《せい》糖《とう》と異《こと》なり、比較的《ひかくてき》小規模《きぼ》な耕地での栽培が可能《かのう》であった。それが、本格的《ほんかくてき》なヤナコンの普及《ふきゅう》を容易《ようい》にしたのである。さらに１８７９年、チリとの間に起こったいわゆる「太平洋戦争」敗戦の後に行なわれた経済構造改革《けいざいこうぞうかいかく》のひとつとして、農業への大規模投資《きぼとうし》が実行された。チャンカイ河谷《かこく》はリマに近いことなどがあって、そのプロセスは、アシエンダの経営《けいえい》に大きな影響《えいきょう》を及《およ》ぼした。そのため20世紀の初め頃《ごろ》、多くの経営者《けいえいしゃ》が交代した。

アシエンダ経営が資本主義《しほんしゅぎ》化する過程《かてい》で、ヤナコン制《せい》は、労働力と資本の不足を補《おぎな》い、しかもリスクを回避《かいひ》できる便利な制度《せいど》として発達した。それは植民地時代に確立《かくりつ》した搾取装置《さくしゅそうち》に、近代化の磨《みが》きをかけたものであり、アシエンダに莫大《ばくだい》な資本の蓄積《ちくせき》を可能《かのう》にするものだった。「アビリタシオン」(融通《ゆうずう》)として、必要な肥料《ひりょう》、トラクター、耕起《こうき》用の雄牛《おうし》、農薬と噴霧器《ふんむき》などすべてが貸与《たいよ》され、その代金も収穫《しゅうかく》時に綿《わた》で支払《しはら》った。年間の綿の収穫高《しゅうかくだか》から小作料、アビリタシオン、借地権料《しゃくちけんりょう》(分《ぶん》割払《かつばら》い)を差し引いた余剰《よじょう》の綿は、これもアシエンダに売ることが義務《ぎむ》づけられていた。その綿の価格《かかく》は相場より低く設定《せってい》されていた。

アシエンダには、タンボと呼《よ》ばれた付属《ふぞく》の雑貨店《ざっかてん》があった。タンポでは、掛《か》け売りが習慣《しゅうかん》となっており、現《げん》金《きん》がなくても食べ物でも酒でも、欲《ほ》しいものはなんでも手に入れることができた。しかしタンボの商品は相場より高かった。

しかしそれでも、努力によっては余剰《よじょう》生産と耕地拡《こうちかく》大《だい》の道が開け、一定の独立性《どくりつせい》を保《たも》ちうる点で、ヤナコンはペオンとは大きく異《こと》なり、農民の労働意欲《いよく》は高められた。岡田は、耕地《こうち》の大部分を同郷《どうきょう》の広島《ひろしま》県人を中心とする日本人のヤナコンに提供《ていきょう》した。明治期の地主制《じぬしせい》に馴染《なじ》みをもつ日本の農民にとっては、格別不条理《かくべつふじょうり》な制《せい》度《ど》でもなかっただろう。日本人移民は、耕地に愛情《あいじょう》を注ぎ生産性《せいさんせい》を上げた。勤勉《きんべん》なヤナコンの手にかかれば、荒廃地《こうはいち》も立派《りっぱ》な耕地に変わっていった。

ヤナコン制《せい》には、農園主にとって極めて有利な搾取装置の側面と、ヤナコン(小作人)が一定の独立性をもち余剰生産を上げることもできるため、農民の生産意欲《いよく》を高めるという側面があった。

日米開戦、北米の強制収容所《きょうせいしゅうようしょ》へ

1937（昭和12）年の昭和天皇誕生日《しょうわてんのうたんじょうび》に、岡田は、ワラル・チャンカイ河谷《かこく》中央日本人会会長として、「谷のこだま」紙に両陛下《りょうへいか》の写真とともに祝賀《しゅくが》の記事を見開き2ページで掲載《けいさい》されている。岡田は、この頃《ころ》から日本人会でも積極的に活躍《かつやく》するようになった。

しかし、それ以前からリマでは、急成長する日系移民《にっけいいみん》に対する反発が鬱積《うっせき》し、不穏《ふおん》な動きが急速に広まっていた。1930（昭和5）年、世界の経済危機《けいざいきき》の影響《えいきょう》で苦境《くきょう》にあったレギア政権《せいけん》に対するサンチェス・セロ少《しょう》佐《さ》のクーデターが起こったが、その混乱《こんらん》に乗じた暴徒《ぼうと》が20余軒《よけん》の日本人の店《みせ》を襲《おそ》った。

1932（昭和7）年頃《ごろ》から「日本人が首都に集中して、ペルー人の労働、商業活動を奪《うば》い、生活に脅威《きょうい》を与《あた》えている」といった排日《はいにち》的新聞論調《ろんちょう》が目立つようになった。対日貿易《ぼうえき》の輸入超過《ゆにゅうちょうか》が非難《ひなん》され、1935（昭和10）年には日秘修交通商条約《にっぴしゅうこうつうしょうじょうやく》が廃棄《はいき》された。1936（昭和11）年、移民が制限《せいげん》され、外国人経営《けいえい》の事業に対するさまざまな規制法令《きせいほうれい》が発せられた。排日運動は日に日に高まり、日本人理髪業《りはつぎょう》組合の内紛《ないふん》でペルー人女性《じょせい》が暴行《ぼうこう》を受け死亡《しぼう》した事件《じけん》をきっかけに、1940（昭和15）年5月、日本人の店に対する略奪《りゃくだつ》に発展《はってん》し、リマ市の日本人の店はほぼ壊滅状態《かいめつじょうたい》となった。

1940年、略奪の痛手《いたで》のなかで、ペルー日本人社会でも皇紀《こうき》2600年の祝賀《しゅくが》行事が執《と》り行なわれた。その頃《ころ》の日本は、「東亜《とうあ》の盟主《めいしゅ》日本」などの文字が新聞紙上を埋《う》めており、日本人移民にとって、本国が大飛躍《ひやく》を遂《と》げていると信じることが慰《なぐさ》めであった。

1941（昭和16）年12月7日（日本時間8日）中南米向け日本放送で、「英米軍と戦闘状態《せんとうじょうたい》に入れり」の臨《りん》時《じ》ニュースが流れ、日系《にっけい》新聞に「開戦」の号外が発行された。翌《よく》8日には、直ちに日本人に対する資金凍結《しきんとうけつ》令が発布《はっぷ》。さらに翌年《よくとし》1942（昭和17）年1月24日、ペルーは米国に協調し、日本に対する国交断絶《こっこうだんぜつ》を宣言《せんげん》する。

アシエンダでは、日本人の耕地《こうち》は没収《ぼっしゅう》され、財産《ざいさん》は凍結《とうけつ》された。経営者《けいえいしゃ》岡田だけでなく、日本人ヤナコンも追放された。1942年4月、ブラックリストに載《の》せられた岡田幾松《おかだいくまつ》は、北米の強制収容所《きょうせいしゅうようしょ》に送られ、第一回《かい》捕虜交換船《ほりょこうかんせん》で日本に帰国した。

おわりに

日米開戦により、ペルー移民のうちの成功者やリーダーは拘束《こうそく》され、財産を没収され、北米の収容所に送られた。そのうち最も重要な「捕虜」は捕虜交換船で帰国した。本稿《ほんこう》で紹介《しょうかい》した岡田幾松やその姪《めい》の尾田《おだ》セツエさん一家、野内与吉にマチュピチュ遺跡《いせき》を案内された実業家の天野芳太郎《あまのよしたろう》などはその例である。尾田ファミリーの場合、アシエンダ支配人《しはいにん》だった尾田善吉《おだぜんきち》氏が拘束《こうそく》され北米に収容《しゅうよう》されたあと、残された家族は日本の領事業《りょうじぎょう》務《む》を代行していたスペイン領事館《りょうじかん》に願い出て、家族が北米に渡《わた》りテキサス州クリスタル・シティの家族収容所で合流したのだという。妹の影本《かげもと》ムツノさんの一家は、ご主人が北米収容を免《まぬが》れたためペルーに残留《ざんりゅう》した。そのため、仲のよかった姉妹の間は引き裂《さ》かれた。尾田ファミリーのように、収容所に入っていたペルー移民の多くは、終戦後に日本に送還《そうかん》された。収容所から解放《かいほう》されたあと、北米に残ることを選択《せんたく》した人々《ひとびと》もいた。

日米開戦の直前、ペルーで排日《はいにち》運動が強まっていたなか、野内与吉は、マチュピチュ村の前身マキナチャヨ集落で、1939年に行政官《ぎょうせいかん》に就任《しゅうにん》し、村のリーダーとなっていた。1941年、野内与吉にも官憲《かんけん》の手が伸《の》びたが、村人たちにかくまわれて拘束を免《まぬが》れたという。そこで拘束されていたら、彼《かれ》の人生は大きく変わっていたことだろう。マリア・モラレスとの結婚《けっこん》はなかっただろうし、本書の編著《へんちょ》者である孫のセサル良郎氏も生まれることはなかっただろう。マチュピチュ村の発展《はってん》は遅《おく》れただろうし、「野内与吉物語」もまた生まれることはなかっただろう。

マチュピチュ村が正式に発足したのが、くしくも日米開戦の１９４１年だという。戦争がなければ、野内与吉はすぐにも村長になったはずである。終戦からまもない１９４８年、村が洪水《こうずい》の被害《ひがい》にあったあと、与吉はマチュピチュ村の村長に選ばれた。そのことは、与吉がいかに村人から慕《した》われ頼《たよ》られていたかを、雄弁《ゆうべん》に物語っている。

戦後にゼロから再出発《さいしゅっぱつ》した日本人移民の多くは、地方のアシエンダから都市に出て、資本《しほん》のあまり要らない床屋《とこや》などの小ビジネスを始めたり、商店を経営《けいえい》して、次第に経済力《けいざいりょく》をつけていった。移民の子弟である日系２世、３世は、勉学に励《はげ》んで大学を卒業し、技術者《ぎじゅつしゃ》になるなどして、力をつけていった。戦後、日本の経済成長とともに、日本企業《きぎょう》がペルーに進出するようになると、日系人《にっけいじん》は現地《げんち》で日本企業を支《ささ》えた。また、ビジネス・パートナーとしてさらに力をつけた。

日系人は、正直で勤勉《きんべん》だという評判《ひょうばん》を得て、現地《げんち》の社会で確固《かっこ》たる地位を確立《かくりつ》してきた。そうしたなかで、１９９０年には日系人大統領《だいとうりょう》が誕生《たんじょう》した。フジモリ大統領の選挙のスローガンは、「勤勉、正直、技術」だった。「盗《ぬす》まない、嘘《うそ》をつかない、怠《なま》けない」というインカの掟《おきて》と日本のイメージをダブらせたものである。

２０１６年６月のペルー大統領選挙では、フジモリ元大統領の娘《むすめ》ケイコが、決選投票《けっせんとうひょう》の結果僅差《きんさ》で敗れたが、彼女《かのじょ》は議会で単独過半《たんどくかはん》数を占《し》める「人民の力」党《とう》の党首《とうしゅ》

インフレ年率数千％など、経済社会的な破綻状況の中で、1990年、約8万人の日系人の中から大統領が誕生

である。

現在《げんざい》、私《わたし》たちのまわりにペルーやブラジルから戻《もど》ってきた日系人の人々《ひとびと》が、多く暮《く》らしている。苦労して現《げん》地《ち》社会で現在の地位を築《きず》いてきた祖父母《そふぼ》や両親に育てられた彼《かれ》らの多くは、日本人の子孫であることに誇《ほこ》りをもっている。一方で、彼らはペルー人やブラジル人としてのアイデンティティももち、現地社会の異《こと》なる文化も身につけ、私《わたし》たちとは異《こと》なる経験《けいけん》と知識《ちしき》、価値観《かちかん》をもっている。益々《ますます》グローバル化が進むこれからの世界の中で生き抜《ぬ》いていく日本の若《わか》い世代のみなさんにとって、地球の裏側《うらがわ》の同朋《どうほう》との連携《れんけい》をとってゆくことは重要である。そのためには、日系人の方々《かたがた》の歴史や価値観《かちかん》などを知ることが重要である。野内与吉の出身地である大玉村とマチュピチュ村が友好提携《ていけい》を結んだことは、その意味でも大変意義深《いぎぶか》い。そして、このささやかな本が、日系人《にっけいじん》の歴史に関心をもってもらうきっかけとなれば、嬉《うれ》しい限《かぎ》りである。

❖参考文献

伊藤力他　一九七四　『在ペルー邦人七五年の歩み』ペルー新報社、リマ

桜井進　一九四〇　『移植民の楽土』日本社、リマ

田中重太郎　一九二五　『秘露渡航道しるべ』日秘新報社、リマ

富田謙一、影山知二　一九二四　『南米ペルー：大統領レギーア・秘露と日本』日秘協会

Matos Mar, José & Jorge Carbajal H.　1974　"Erasmo, Yanaón del Valle de Chancay" Instituto de Estudios Peruanos, Lima, Peru El Eco del Valle, Huaral, Peru

■付記　本稿は「綿花王・岡田幾松―ペルー日本人移民とアシエンダ―」『季刊民族学』88号（1999）を加筆修正したものである。

第2部

古代アンデス文明と日本人

著：稲村哲也《いなむらてつや》（放送大学教授《きょうじゅ》）
大貫良夫《おおぬきよしお》（東京大学名誉教授《めいよきょうじゅ》）
尾塩尚《おしおひさし》（著述家《ちょじゅつか》・元映画《えいが》プロデューサー）
阪根博《さかねひろし》（武蔵野美術大学招聘講師《むさしのびじゅつだいがくしょうへいこうし》）
森下矢須之《もりしたやすゆき》（BIZEN中南米美術館《びじゅつかん》館長）

アンデスの先達とその3代目

第1章

運命的な出会いからはじまる、日本人によるアンデス研究

1 マチュピチュでの出会い
——1935年、野内与吉《のうちよきち》と天野芳太郎《あまのよしたろう》

南米ペルー、世界遺産《いさん》のマチュピチュ。マチュピチュはペルーに栄えた古代アンデス文明の最後を飾《かざ》るインカ帝国《ていこく》の遺跡《いせき》である。古代アンデス文明のはじまりとその発展《はってん》についての研究には、多くの日本人が携《たずさ》わり、その成果が世界中から高く評価《ひょうか》されている。この目覚ましい学術《がくじゅつ》的成果が生まれる契機《けいき》となったのが、お互《たが》いに名前も顔も知らなかった日本人のいくつかの出会いであった。その最初の出会いが、福島出身の野内与吉と秋田出身の天野芳太郎の1935（昭和10）年のマチュピチュでの出会いである。

野内与吉は、その孫の野内セサル良郎が詳《くわ》しく述《の》べているように、1895（明治28）年に福島県の大玉村で生まれ、1917（大正6）年に契約移民《けいやくいみん》としてペルーに移住《いじゅう》した。ペルー海岸地方のサン・ニコラスというアシエンダ（大農園）で数ヶ月働くが、その後、北米、ブラジル、ボリビアなど各地を転々《てんてん》とし、やがてクスコ＝マチュピチュ間の鉄道建設《けんせつ》に携《たずさ》わる。クスコ発の軽便鉄道は1929（昭和4）年にマチュピチュの麓《ふもと》のマキナチャヨまで開通した。そこで、与吉《よきち》はマキナチャヨに住みつき、現地《げんち》の女性《じょせい》と結婚《けっこん》して家族をもった。聡明《そうめい》で勤勉《きんべん》で誠実《せいじつ》な人柄《ひとがら》だった与吉は、密林《みつりん》のなかに位置し、ほとんど何も無かった集落に道路や簡易《かんい》水道を作り、住民の信頼《しんらい》を得て村の中心人物になっていった。そ

して、「ホテル・ノウチ」というホテルを作った。

　１９３５年、開業してまだ間もないホテルに、背《せ》の高い日本人がやってきた。それが天野芳太郎である。天野は、パナマを根拠地《こんきょち》に中南米で事業を展開《てんかい》し、成功を収《おさ》めていた。

土器コレクションする天野芳太郎

幼少期《ようしょうき》に秋田で石器を拾ってから考古学に興味《きょうみ》を持っていたが、１９１１（明治44）年にマチュピチュ遺跡《いせき》を再発見《さいはっけん》したハイラム・ビンガム（インディ・ジョーンズのモデルとされる）が書いた本を読んで、いてもたってもいられず、はるばるマチュピチュを訪問《ほうもん》したのである。そこで、思いもよらず、日本人の野内与吉に出会い、彼のホテルに投宿し、一週間にわたって与吉の案内によってマチュピチュ遺跡を踏査《とうさ》したのだ。
　この出会いが、天野芳太郎の人生を変え、次の運命的な出会いにつながり、それがのちに多くの日本人に影《えい》響《きょう》を与《あた》えるきっかけになった。そのことは後で述《の》べることにして、ここで天野芳太郎について紹介《しょうかい》しておこう。
　天野芳太郎は１９９８（明治31）年に現在《げんざい》の男鹿《おが》市脇《わき》本《もと》に生まれた。県立秋田工業学校を卒業して、神奈川《かながわ》県の造船所《ぞうせんじょ》に就職《しゅうしょく》した後、鋳物《いもの》工場を経営《けいえい》し、横浜《よこはま》で「子育饅頭《こそだてまんじゅう》」屋を開業する。１９２８（昭和３）年30歳《さい》の時、天野は以前から思い描《えが》いていた海外雄飛《ゆうひ》を果たす。繁盛《はんじょう》していた子育て饅頭をやめ、1万円を懐《ふところ》に入れ船に乗った。アフリカ南端《なんたん》の喜望峰《きぼうほう》を回り、南米ウルグァイのモンテビデオに上陸した。

そこで、スペイン語を学ぶために小学校に入れてもらった。父の死でいったん帰国した後、再《ふたた》び中南米に渡《わた》る。その際《さい》、海外行きに反対した妻《つま》と別れ、ふたりの娘《むすめ》を知人に預《あず》けて、渡航《とこう》する。天野は中米のパナマに渡りそこで百貨店をはじめた。1933(昭和8)年、天野は現地《げんち》の日系《にっけい》2世藤井《ふじい》テレサ志津子《しずこ》と結婚《けっこん》して一男一女をもうける。パナマでビジネスをはじめた天野は、「一国一業」という目標を掲《かか》げ、チリ(農場)、コスタリカ(漁業)、ペルー(金融《きんゆう》)等の事業を広げ、中南米有数の実業家と言われるようになる。

2 日本人によるアンデス研究のはじまり ——1957年、天野芳太郎と泉靖一《いずみやすいち》

天野芳太郎は、パナマを拠点《きょてん》に中南米を股《また》にかけて飛び回りながら、実業の世界で成功する傍《かたわ》ら、古代の遺《い》物《ぶつ》の収集《しゅうしゅう》を進めていた。しかし、太平洋戦争が勃発《ぼっぱつ》すると、パナマにいた天野はスパイと疑《うたが》われて拘束《こうそく》された。膨大《ぼうだい》な蔵書《ぞうしょ》やコレクションを含《ふく》め、財産《ざいさん》のほとんどを没収《ぼっしゅう》されてしまう。そして、最初はパナマ、後に北米の収容所《しゅうようじょ》に収容される。収容所での過酷な生活に耐え、6ヶ月後に第一次捕虜《ほりょ》交換船で帰国する。

天野芳太郎の妻《つま》は1944(昭和19)年結核《けっかく》で亡《な》くなっている。終戦を迎《むか》えると、天野の南米への情熱《じょうねつ》が再《さい》燃《ねん》する。1951(昭和26)年、天野は密航《みっこう》のようなかたちでペルーに渡り、リマで漁業関係の会社を興《おこ》して、再《ふたた》び成功を収《おさ》める。

天野は、まもなく事業より古代アンデス文明に魅かれ、

遺跡の発掘や考古遺物のコレクションに身を投じる。天野は、それまでペルー人考古学者がまったく注目していなかったチャンカイ文化の素朴《そぼく》な土器《どき》、優《すぐ》れた織物《おりもの》に惹《ひ》かれた。彼《かれ》は調査《ちょうさ》や翻訳《ほんやく》の手伝いをしてくれた日系《にっけい》二世の美代子氏と結婚《けっこん》し、チャンカイ谷の沙漠《さばく》の遺跡《いせき》に通いつめた。土器、織物《おりもの》にとどまらず、小さな木片《もくへん》、石器なども丹念《たんねん》に拾い集め、アンデスについての文献《ぶんけん》を読み、また古代の人々《ひとびと》の思いに強い共感を抱《いだ》いていった。そこへひょっこり天野を訪《たず》ねてきたのが泉靖一《いずみやすいち》であった。

アンデス研究は、東京大学を中心に、半世紀以上にわたり日本人の研究者が大きな研究実績《じっせき》を残してきた。その発端《ほったん》が１９５７（昭和32）年、このリマでのふたりの出会いにあった。

戦前、京城《けいじょう》大学に在籍《ざいせき》して済州島《さいしゅうとう》などで文化人類学《ぶんかじんるいがく》調査《ちょうさ》に従事《じゅうじ》していた泉靖一《いずみやすいち》は、敗戦後博多に引き上げたのち、１９５１年東京大学助教授《じょきょうじゅ》に就任《しゅうにん》した。１９５６（昭和31）年、日系人《にっけいじん》社会の調査のためブラジルに赴《おもむ》いたその帰途《きと》、リマに寄《よ》って天野芳太郎に出会った。それが、多くの日本人をアンデスの魅力《みりょく》に引き込《こ》むきっかけになった「運命的な出会い」であったことは、本人も想像《そうぞう》しなかったに違《ちが》いない。

泉は、天野氏からペルーでの研究を勧《すす》められた。そして、１９５８（昭和33）年には石田英一郎《いしだえいいちろう》（当時東大教授《きょうじゅ》）を団長《だんちょう》、泉を副団長とする多分野の東大調査《ちょうさ》団《だん》が組織《そしき》され、ペルーでの広域調査《こういきちょうさ》が行なわれた。

１９６０（昭和35）年には、泉靖一団長のもと東京大学アンデス考古学調査団が組織《そしき》され、ペルー中部アンデスのワヌコで発掘《はっくつ》が開始された。当時大学院生だった大《おお》貫良夫《ぬきよしお》も参加した。コトシュ遺跡《いせき》での発掘《はっくつ》が進むと、チャビン期の神殿《しんでん》の下から「交差した手の神殿《しんでん》」（無土器時代、当時最古の神殿）が現《あらわ》れるという大発見があり、その後の東大アンデス調査団の輝《かがや》かしい伝統《でんとう》につながった。のちに、大貫良夫を団長とした調査団はクントゥル・ワシ遺跡発掘等でさらに大きな学術《がくじゅつ》的成果をあげてきた。

天野は、東京大学の研究を全面的に支《ささ》えるとともに、

今上天皇陛下ご夫妻に自分の博物館を案内する天野（1967年）

自らは、１９６４（昭和39）年リマ市に天野博物館を開《かい》設《せつ》した。１９６７（昭和42）年、皇太子殿下《こうたいしでんか》（今上天皇《てんのう》陛下《へいか》）ご夫妻《ふさい》が、南米三カ国を訪問《ほうもん》したおり、天野博物館に立ち寄《よ》った。天野芳太郎は、リマ郊外《こうがい》のパチャカマック遺跡《いせき》を案内し、さらに天野博物館を案内した。天野は感激《かんげき》し、「このときのために自分は生きて来た」と友人への手紙に記している。

３ 日本での博物館開設《かいせつ》——１９６９年、天野芳太郎と森下精一《もりしたせいいち》

さらに、もうひとつの出会いが日本での博物館開設の契機《けいき》となった。わたしたちが現在《げんざい》、日本に居《い》ながらにして、古代アンデスの魅力《みりょく》に触《ふ》れることができるのは、そのおかげである。

天野博物館設立《せつりつ》の5年後の１９６９（昭和44）年、岡《おか》山県《やまけん》の実業家森下精一《もりしたせいいち》がリマに天野芳太郎を訪《たず》ねた。森下はもともと備前焼《びぜんやき》などに造詣《ぞうけい》が深かったが、天野に見

森下精一

せられたアンデスの土器《どき》や織物《おりもの》の魅力《みりょく》にとりつかれ、中南米の考古遺物《いぶつ》のコレクションを始め、その6年後の1975（昭和50）年に、岡山県備前市日生《おかやまけんびぜんしひなせ》に美術館《びじゅつかん》を開設《かいせつ》してしまう。

森下は、1904（明治37）年岡山県の日生で生まれた。父金吉《かねきち》は漁師《りょうし》だったが、1920（大正9）年から精米《せいまい》などの商売に転換《てんかん》し、精一もそれを手伝い、やがて、魚網《もう》の事業を始めた。勤勉《きんべん》・実直、他人に思いやりがあって、努力を惜《お》しまない精一は、柔軟《じゅうなん》で進取の精《せい》神《しん》にも恵《めぐ》まれ、日本の戦後の復興《ふっこう》とともに事業を拡大《かくだい》し、海外にも販路《はんろ》を大きく広げた。それがペルーで漁業会社を経営していた天野芳太郎との出会いにつながっていくことになる。

森下は、1969（昭和43）年に岡山県主催《しゅさい》の貿易《ぼうえき》調査団《ちょうさだん》の団長《だんちょう》として、北米《ほくべい》を巡回《じゅんかい》した。その日程《にってい》を終了《しゅうりょう》したあと、中南米《ちゅうなんべい》に40日間の商用旅行を行なったが、その折にペルーで天野博物館を訪問《ほうもん》した。輸出《ゆしゅつ》担当《たんとう》の社員として同行した真嶋高徳《まはなたかのり》氏が、そのときの様子を印象深く記述《きじゅつ》している（1980年『森下精一伝』中央公論事業出版《ちゅうおうこうろんじぎょうしゅっぱん》、279頁）。

ドクトール天野芳太郎を館長に仰《あお》ぎ何人かの書生さん、天野夫人による接待《せったい》を頂《いただ》いたが、絶世《ぜっせい》の美女で物腰対応総《ものごしたいおうすべ》て優雅《ゆうが》でそのかもし出される何とも言えぬ雰囲気《ふんいき》の天野婦人《ふじん》にクレオパトラの再来《さいらい》を感じさせられた私《わたし》は放心してしまってただ茫然《ぼうぜん》と見とれていた。会長（森下精一氏）と言

天野博物館で天野に教えを請う森下精一（左）

えば、紀元前二千五百年前後（筆者注：年代は正確《せいかく》ではない）の古代インカ文明の遺物《いぶつ》（織物《おりもの》、焼物、土器等）の前に座《すわ》られてただ「ウーン」、何の説明を受けてもうわの空で正に放心状態《ほうしんじょうたい》、目はランランと輝《かがや》きを増《ま》し、地球の裏側《うらがわ》の異人《いじん》の先達《せんだち》が残してくれた精巧且《せいこうか》つ、如何《いか》にしてこの様な物が手造《づく》りで出来たのかそのノウハウに敬服《けいふく》され、頭を巨大《きょだい》なハンマーで一撃《いちげき》喰《く》らった様な仕草で、遂《つい》には陳列物《ちんれつぶつ》の前のフロアーに土下座《どげざ》されてしまったのには、ただ唖然《あぜん》と私も成すすべもなく、その日の商談予定を棒《ぼう》に振《ふ》るキャンセルの電話連絡《れんらく》に奔走《ほんそう》するやらで……。

森下精一が中南米の土器、土偶《どぐう》などに特別に興味《きょうみ》をもった理由についても、日経新聞《にっけいしんぶん》への寄稿《きこう》で次のように記されている（同上97－98頁《ページ》）。

私は魚網の製造販売《せいぞうはんばい》に従事《じゅうじ》していた関係からある年、取引先である中南米に旅行する機会を得た。そした各地にすぐれた古代文明の伝統《でんとう》があり、エジプトやインドの古代文明にも比《ひ》するべき

> 大文明が、中央アメリカやアンデスにかつて栄えていることを知ったのである。その折ふれた素朴《そぼく》で、不思議な遺物《いぶつ》の数々《かずかず》は、うちに秘《ひ》めた偉大《いだい》な先住民の歴史のはかなさとともに、いまだに強く私の心に焼きついている。（中略《ちゅうりゃく》）中南米文化との新しい出合いは、私にまた違《ちが》ったひとつの目を開かせてくれた。たとえば、ひとつのツボがある。おそらく日常《にちじょう》の器として使用したものであろう。確《たし》かに必要からくる形としての美しさを持っている。しかし彼《かれ》らはそれに人や、動物や、植物や、身近にあるいろいろなモチーフをふんだんに用いることによってひどくユーモラスでなまなましい、不思議な世界をつくり出している。このなまなましい迫力《はくりょく》。そして何かを語りかけてくる素朴《そぼく》な親近感は、ちょうど私たち人間が大自然の中で生きることの厳《きび》しさや楽しさを根本から問い直しているような、そんな思いをふと抱《だ》かせる。私は考古学を勉強したこともなければ、それに対する知識《ちしき》もない。なぜそんなものにひかれるのか……とよく聞かれるが、いまもってその気持ちがうまく表現《ひょうげん》できない。土器や土偶のかもしだす素朴《そぼく》さ、神秘性《しんぴせい》に魅《み》せられてしまったのだろうか、つねづね素朴《そぼく》さを失うまいとする私の気持ちが共鳴したのだろうか……

この記述《きじゅつ》の中に、庶民《しょみん》の文化としてのチャンカイ文化をこよなく愛した、天野芳太郎の大きな影響《えいきょう》を見ることができる。森下は、その後なんどもリマの天野博物館を訪《おとず》れ、天野から博物館の展示《てんじ》の方法などを学んでいる。

こうして、もうひとつの運命的な出会いが、日本にもうひとつの素晴《すば》らしい博物館を生み出す原動力となった。森下精一が1975（昭和50）年に設立《せつりつ》したBIZEN中南米博物館の運営《うんえい》を引き継《つ》いだ孫の矢須之《やすゆき》は、ゆるキャラ、音楽・舞踊《ぶよう》とのコラボなどを通じて、中南米古代文明の魅力《みりょく》と意義《いぎ》を人びとにわかりやすく伝えるユニークな博物館の運営《うんえい》を行なっている。さらに、中南米各《かっ》国大使館《こくたいしかん》と共同して、多彩《たさい》な国際交流《こくさいこうりゅう》活動《かつどう》を実践《じっせん》している。

野内与吉と天野芳太郎のマチュピチュでの出会いに端《たん》を発する、いくつかの運命的出会いが、今日の日本人による輝《かがや》かしいアンデス文明研究につながっているのである。

BIZEN中南米美術館の展示場

第２章 古代アンデス文明と東大による発掘《はっくつ》

1 古代アンデス文明の特徴《とくちょう》

アンデスは南米大陸の西岸にそって南北８０００キロにわたって貫《つらぬ》く山脈である。そこに古代アンデス文明が栄えた。中央アンデスは緯度《いど》的には熱帯・亜《あ》熱帯に位置するため、標高差によって極めて多様な自然環境《かんきょう》をもつ（**図１**）。

アンデスの民は、その多様な環境を最大限《げん》に利用して、高度な文明を築《きず》いた。農業では、ジャガイモ、トウモロコシをはじめ多様な植物が栽培《さいばい》された。農耕《のうこう》に不向きな高原では、ラクダ科動物のリャマとアルパカが家畜《かちく》化され、前者は輸送《ゆそう》のため、後者は毛の利用のために飼育《しいく》さ

図1　標高による多様な気候帯

れてきた（稲村《いなむら》1995、2014）。

　古代アンデス文明は、メキシコと中米のメソアメリカ文明と同様、基本《きほん》的には旧《きゅう》大陸（アジア・ヨーロッパ）の文明とは交流せず、独自《どくじ》の発達をとげた（以後、杉山《すぎやま》三郎《さぶろう》・嘉幡茂《かばたしげる》・渡部森哉《わたなべしんや》2011を参照）。見事な石《せき》造建築《ぞうけんちく》、膨大《ぼうだい》な量の日干《ひぼ》しレンガを積み上げた巨大《きょだい》な建《けん》造物《ぞうぶつ》、丹念《たんねん》に磨《みが》きあげて作った土器や石器、緻密《ちみつ》な図像《ずぞう》を組み込《こ》んだ織物《おりもの》、大地の上に描《えが》かれた巨大《きょだい》な地上絵などが、アンデスの顕著《けんちょ》な特徴《とくちょう》である。アジアやヨーロッパと比較《ひかく》して、アンデスに無かったものとして、文字、車輪、鉄が代表としてあげられる。アンデスの人々《ひとびと》は、巨大神殿《きょだいしんでん》の建設《けんせつ》も人力だけで成し遂《と》げた。山から石を切り出し、運び、加工するのも、大量の労働力によって、莫大《ばくだい》な時間を費やして仕上げた。アンデスでは、基本《きほん》的には自給自足経済《じきゅうじそくけいざい》であった。標高差によって環境《かんきょう》が著《いちじる》しく異《こと》なるため、同一集団《しゅうだん》が複数《ふくすう》の環境を同時に利用するシステムが発達した。

　アンデス古代文明の編年《へんねん》は、チャビン文化が紀元前の1千年紀に比較的《ひかくてき》広い範囲《はんい》で栄えたため、この時代をチャビンのホライズン（前期ホライズン）としてきた（**図2**）。現在《げんざい》では、チャビン文化より古い文化が多く研究されてきたため、紀元前3000年から0年頃《ごろ》までを形成期と呼《よ》ぶ（大貫《おおぬき》ほか2010）。チャビンが衰退《すいたい》した後、各地に個性《こせい》的な文化が起こった。この時期を地方文化期と呼ぶ。ペルー南部のナスカ文化が地上絵によって有名だが、ナスカは多彩《たさい》式の土器や精緻《せいち》な織物でも有名である。この同時代の文化としては、日干《ひぼ》しレンガの巨大な神殿群《ぐん》が建設《けんせつ》され、写実的な傾向《けいこう》の強い造形《ぞうけい》土器、多様な図像が描《えが》かれた土器、煌《きらめ》びやかな黄金製品《せいひん》が特《とく》徴《ちょう》的なモチェ文化などがある。次のホライズンとして、チチカカ湖沿岸《えんがん》のティアワナコ文化を起源《きげん》とするワリ文化が紀元後の700年頃《ごろ》から1000年頃まで広がった。この時代を中期ホライズン、またはワリ期と呼ぶ。これが衰退《すいたい》すると、再《ふたた》び各地の個性《こせい》的な文化が栄えるが、この時代は地方国家期と呼《よ》ばれる。チムー文化がその代表である。最後にインカ帝国《ていこく》がアンデスを南北5000

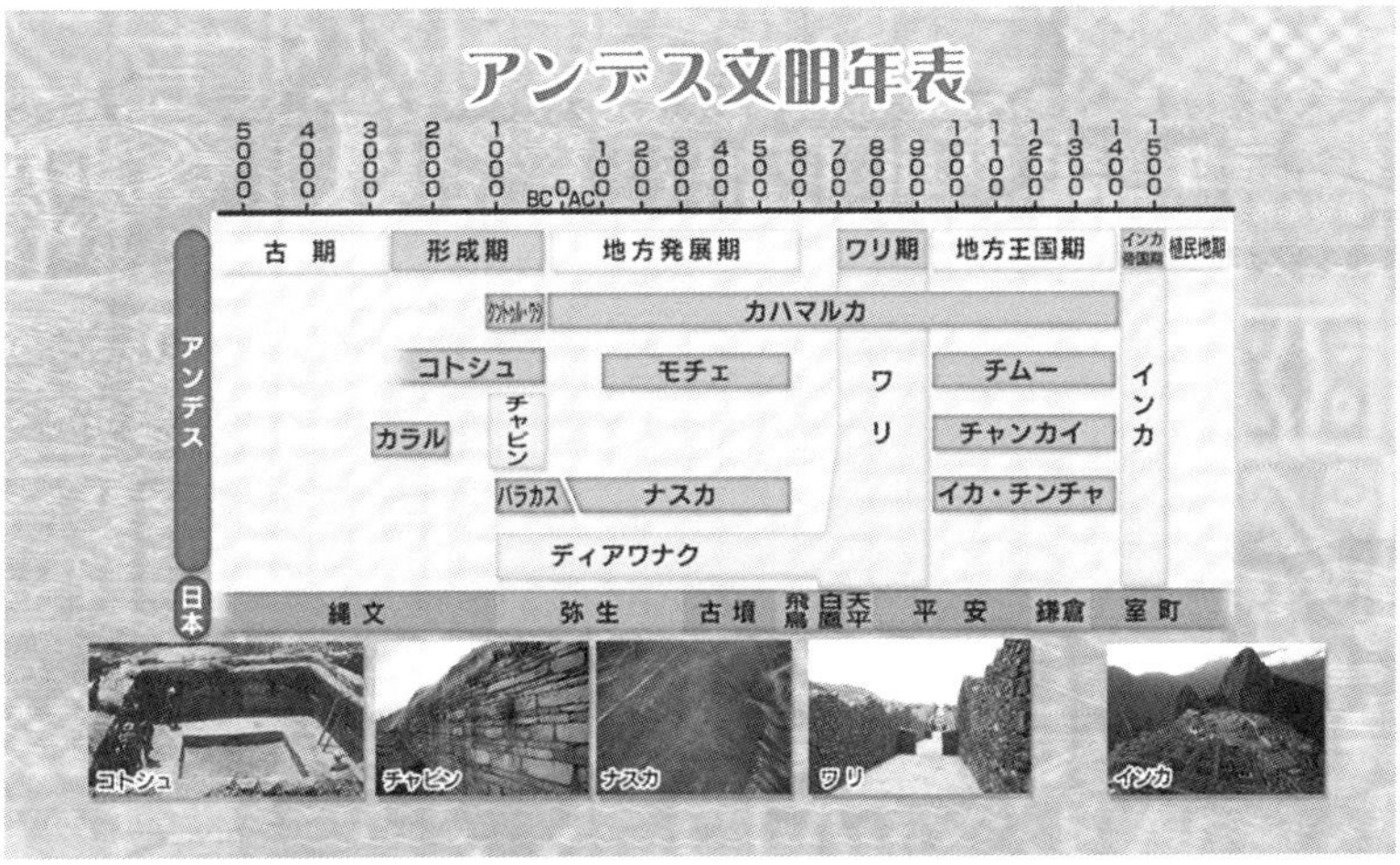

図2　アンデス文明編年

キロにわたって版図《はんと》を広げたが、このインカ帝国期を後期ホライズンとも呼ぶ。強大な権力《けんりょく》をもつインカ（皇《こう》帝《てい》）を頂点《ちょうてん》とするピラミッド型の政治構造《せいじこうぞう》が発達し、首都クスコに国家宗教《しゅうきょう》である太陽信仰《しんこう》の神殿、大規模な砦《とりで》や王宮が、巨大かつ精巧《せいこう》な切り石によって建設された。インカ帝国は実際《じっさい》にはタワンティン・スーユ（4つの地方）と呼《よ》ばれ、次々《つぎつぎ》と征服《せいふく》された各地方にインカ道が建設《けんせつ》され、飛脚制度《ひきゃくせいど》も発達した。

　このインカ帝国も、1532年から翌年《よくとし》にかけて、スペイン人征服者《せいふくしゃ》フランシスコ・ピサロの軍によって、第13代皇帝《こうてい》アタワルパが捕縛《ほばく》、殺害され、事実上崩壊《ほうかい》した。首都クスコは、スペイン征服者に略奪《りゃくだつ》され、スペイン植民地の都市として造《つく》りかえられた。しかし、地方の拠《きょ》点《てん》のひとつであったマチュピチュは、1911年にアメリカ人の歴史学者で探検家《たんけんか》ハイラム・ビンガムが地元住民に案内されて「発見」するまでは、外部の目にさらされることがなかった。

2 東大調《ちょう》査《さ》団《だん》による発掘《はっくつ》調査《ちょうさ》

東大調査団が一貫《いっかん》して取り組んできたテーマは、アンデス文明初期の社会の動態《どうたい》であった。この時期をアンデス考古学上、文明の母体が形成されたという意味で形成期と呼ぶ（大貫《おおぬき》ほか2010）。1960年、東大調査団が最初に発掘を行なったコトシュ遺跡《いせき》での「交差した手の神殿《しんでん》」の発見は、アンデス文明の形成期の歴史記《き》述《じゅつ》を塗《ぬ》り替《か》える大発見となった（以下、大貫1998、大貫ほか2010、を参照）。

アンデス文明の起源《きげん》はまだ大きな謎《なぞ》であった。紀元前800年頃《ごろ》といわれるチャビン文化が文明の基礎《きそ》を作り、そこからアンデス高地と海岸砂漠《さばく》に文明が広がったという道筋《みちすじ》が通説だったが、チャビンでいきなり土器、織《お》物《もの》、石彫《せきちょう》、大規模な石造建築《せきぞうけんちく》、灌漑農耕《かんがいのうこう》、トウモロコシやジャガイモの栽培《さいばい》、リャマとアルパカの家畜飼育《かちくしいく》、複雑《ふくざつ》な社会組織《そしき》などが生まれたのはどうしてか。その中心地はチャビン・デ・ワンタル神殿《しんでん》で、アンデス山地の狭《せま》い谷間の標高3100メートルにあるが、そんなところに文明の諸要素《しょようそ》が急に生まれるものだろうか。そうした疑問に答えるためには、チャビン文化に先立つ歴史を明らかにする必要があった。

コトシュ遺跡で発掘中の泉靖一（1963年）

1958年の広域《こういき》にわたる一般調査《いっぱんちょうさ》の結果、最初にアンデス文明形成期のコトシュ遺跡を集中的に発掘することになった。チャビン中心説の提唱者《ていしょうしゃ》フーリオ・

C・テーヨも、チャビンよりも古そうな土器片《どきへん》がワヌコのコトシュやシヤコトという遺跡でみつかると述《の》べていた。泉靖一《いずみやすいち》は自分の目でそれを確《たし》かめ、コトシュ発掘に賭《か》けた。コトシュ遺跡はリマの北東およそ400キロメートルのワヌコ市の郊外《こうがい》を流れる川の段丘《だんきゅう》上標高1950メートルに位置する。この川はワリャガ川に合流する。ワリャガ川はアマゾン川の大支流《しりゅう》のひとつである。ワヌコ盆地《ぼんち》から乾燥《かんそう》が強いユンガという気候帯に位置するが、そこから100キロほど下れば熱帯のジャングル地帯に入る。

　コトシュの小山にはいくつもの時代の建物が重なり、建物と一緒《いっしょ》に出てくる土器の特徴《とくちょう》が異《こと》なっていた。小さなニッチ（壁《かべ》のくぼみ）を持つ石造の部屋、床下《ゆかした》を通り抜《ぬ》ける地下式の水路もあった。そこに、黒や茶色でつるつるしてよく光る、鐙《あぶみ》形、平底、独特《どくとく》の曲線の刻文《こくぶん》、ジャガーの目や爪《つめ》の模様《もよう》など、明らかにチャビン文化の特徴《とくちょう》をもつ土器が出土した。さらに、チャビンに先立つ土器や石造建築が2時期も重なって見つかった。そして、それよりさらに古い建築が現《あらわ》れた。北壁《ほくへき》の上半分には長方形のニッチがあり、そのニッチの下の砂《すな》を取り去ると、人間の腕《うで》を交差させた形のレリーフが現れた。しっかりとした石組み、すべすべしたクリーム色の上塗《うわぬ》

コトシュ遺跡「交叉した手の神殿」

り、壁のニッチ、そして交差した手のレリーフをもつ、普通《ふつう》の住居《じゅうきょ》とは思えない建物である。泉靖一はそれに「交差した手の神殿」と命名した。

チャビン文化の建物が紀元前800年頃《ごろ》で、交差した手の神殿は紀元前2000年頃にさかのぼる。1960年当時、それほど古い時代の石造建築は南北アメリカには例がなかった。アンデス文明はチャビンに始まるという、それまでの定説は完全に覆《くつがえ》された。

交叉した手のレリーフ

文明は豊《ゆた》かな農業の余剰《よじょう》があって生まれるという説はアンデスには通用しない、アンデス文明は神殿から始まった、初めに神殿ありきである。泉はそう結論《けつろん》し、第《だい》一報《いっぽう》を天野さんにもたらした。天野さんは飛んできた。そして二人は手をとりあって発掘《はっくつ》の成功を喜んだ。

クントゥル・ワシ遺跡発掘

墓地発掘で黄金装身具がなどが出土

コトシュでの発掘《はっくつ》調査《ちょうさ》は、1960年、63年、66年と続き、大きな成果を挙げた。調査団は、その後ラ・パンパ、ワカロマなどで発掘を行なった。そして、1988年にクントゥル・ワシ遺跡《いせき》の発掘に着手し、その後20年にわたって大規模《だいきぼ》な発掘と修復《しゅうふく》が行なわれた。

クントゥル・ワシでは、1989年の発掘で、神殿を構成《こうせい》する基壇構造《きだんこうぞう》や広場、石彫《せきちょう》、壁画《へきが》の発見などが続き、調査終了《しゅうりょう》間際《まぎわ》に、床下《ゆかした》から墓《はか》が見つかり、見事な細工の金製品《きんせいひん》などの副葬品《ふくそうひん》が発見された。紀元前800年頃《ごろ》という時代の金製品が正規《せいき》の発掘《はっくつ》で出土したのは初めてのことであった。南米最古、南北アメリカ大陸で最古の金製品として、東大調査団の発掘は再《ふたた》び世界の考古学会から注目を集めた。さらに、その後の発掘により、重なりあう3つの神殿構造《こうぞう》が明らかになり、形成期後期の神殿建設過程《けんせつかてい》の詳細《しょうさい》が解明《かいめい》され、学術《がくじゅつ》的に大きな成果が蓄積《ちくせき》されていった。そして、計6つの墓《はか》から多くの金製品を含《ふく》む重要な副葬品が出土した。そして、東大調査団は、南北アメリカ大陸で最古の黄金の冠《かんむり》・装身具《そうしんぐ》を含む貴重な遺物の発掘をきっかけに、現地《げんち》に博物館を設立《せつりつ》することとなったのである。

■付記　本稿は「古代アンデス文明と日本人」放送大学研究年報33号（2016年）の一部を加筆修正したものである。

❖参考文献

天野芳太郎１９４３『わが囚はれの記』汎洋社

天野芳太郎１９８３『わが囚われの記—第二次世界大戦と中南米移民』中公文庫

天野芳太郎先生顕彰碑建立実行委員会１９９３『南米のシュリーマン天野芳太郎—その生涯と顕彰碑建立の記録—』あきた南米交流会

天野芳太郎生誕１００周年記念誌編集委員会１９９８『天野芳太郎生誕１００周年記念誌　南風光砂』天野博物館友の会

稲村哲也１９９５『リャマとアルパカ—アンデスの先住民社会と牧畜文化』花伝社

稲村哲也２０１４『遊牧・移牧・定牧—モンゴル、チベット、ヒマラヤ、アンデスのフィールドから』ナカニシヤ出版

大貫良夫１９９２『黄金郷伝説』講談社現代新書

大貫良夫１９９８「第一章　交差した手の神殿」加藤泰建・関雄二（編）『文明の創造力—古代アンデスの神殿と社会』角川書店、43－94

大貫良夫・加藤泰建・関雄二２０１０『古代アンデス　神殿から始まる文明』朝日新聞出版

尾塩尚１９８４『天界航路—天野芳太郎とその時代』筑摩書房

小池道夫１９９８「天野先生との奇しき縁」天野芳太郎生誕１００周年記念誌編集委員会『天野芳太郎生誕１００周年記念誌　南風光砂』天野博物館友の会、62－67頁

杉山三郎・嘉幡茂・渡部森哉２０１１『古代メソアメリカ・アンデス文明への誘い』風媒社

鶴見俊介・加藤典洋・黒川創２００６『日米交換船』新潮社

福中又次　１９４０『インカ帝国と日本人』国際文化研究協会（東京渋谷区原宿）

森下精一伝編纂委員会１９８０『森下精一伝』中央公論事業出版

第3部

古代アンデス文明の創造物《そうぞうぶつ》

著：鶴見英成《つるみえいせい》（東京大学総合研究博物館助教）

略奪《りゃくだつ》の歴史と考古学

1531年、フランシスコ・ピサロを首魁《しゅかい》とするスペイン人征服者《せいふくしゃ》の一団《いちだん》はペルー極北部に上陸し、インカ帝国《ていこく》の内戦に乗じて皇位継承者《こういけいしょう》アタワルパをとらえた。その身代金として膨大《ぼうだい》な金銀製品《せいひん》を接収《せっしゅう》したあと、彼《かれ》を処刑《しょけい》して帝都《ていと》クスコへと進軍した。インカ帝国の黄金製品《せいひん》が今日まであまり多く伝わっていないのは、征服後の短期間のうちに跡形《あとかた》もなく略奪されて延《の》べ棒《ぼう》と化したためである。地上の黄金製品が奪《うば》い尽《つ》くされたあと、地下に眠《ねむ》るプレインカの黄金製品が狙《ねら》われた。植民地期に宝探《たからさが》しのために組織《そしき》的に遺跡《いせき》を破壊《はかい》する商会が設立《せつりつ》されたり、共和制《きょうわせい》時代に農場主が使用人を総《そう》動員して敷《し》地《ち》内の墓地《ぼち》を徹底《てってい》的に暴《あば》いたりと、今日まであまたの黄金製品が盗掘《とうくつ》されてきた。同時に創造性《そうぞうせい》にあふれた土器や織物《おりもの》なども、珍奇《ちんき》な品として欧米《おうべい》列強や国内富裕層《ふゆうそう》のコレクターたちにもてはやされ、多くの遺跡が破壊《はかい》の憂《う》き目にあった。盗掘されてしまった品は、受け皿となった博物館が一般《いっぱん》公開することによって、アンデス文明のイメージアップに貢献《こうけん》しているが、出自不明《しゅつじふめい》の品として学問的な価値《かち》は低下してしまっている。それでも研究者たちは遺跡や博物館でデータを堅実《けんじつ》に集め、分析《ぶんせき》手法を多様化・精緻《せいち》化することによって、人類がアンデスの地でいかに文明を創《つく》り上げたかを描《えが》き出してきた。ここではアンデス文明を特徴《とくちょう》付ける考古資料《しりょう》として、神殿《しんでん》建築《けんちく》、金属器《きんぞくき》、土器、織物《おりもの》にとくに焦点《しょうてん》を当てている。それぞれについて、研究上のポイントを記述《きじゅつ》していこう。

神殿建築《しんでんけんちく》

石や日干《ひぼ》し煉瓦《れんが》で築《きず》いた大規模建築《だいきぼけんちく》はアンデス文明の特徴のひとつである。ペルーでは砂漠《さばく》や人里離《はな》れた山中にまだ大規模建築が眠《ねむ》っており、発見の時を待っている。多くの大規模建築遺跡は度重なる増改築《ぞうかいちく》の結果、長期間をかけてできたものである。

人工物の特徴の時間的変化をとらえる「編年《へんねん》研究」は考古学の基礎《きそ》である。しかし、アンデス考古学はそこに弱点をもっている。なぜなら、征服以来盗掘が常態《じょうたい》化してしまい、出自不明の盗掘品によって基本《きほん》的な時間的枠組《わくぐ》みが出来てしまったからである。考古学者は発掘によってそれを検証《けんしょう》し精緻化するのであるが、増改築の過程《かてい》が観察できるような建築遺構《いこう》は、編年の確立《かくりつ》のために理想的である。日本人による発掘調査でも、ほとんどは建築を対象としてそれぞれの地域・時代の研究に貢献している。なかでも学史上重要な研究成果は、泉靖一《いずみやすいち》率《ひき》いる東京大学アンデス地帯学術調査団《がくじゅつちょうさだん》による１９６０～66年のコトシュ遺跡発掘であろう。コトシュ遺跡の最下層《さいかそう》で発見されたミト期（紀元前２５００～１８００年）の建築群《けんちくぐん》はいっさい土器を伴《ともな》わず、しかも「交差した手」のような宗教美術《しゅうきょうびじゅつ》を伴《ともな》うため、住居《じゅうきょ》ではなく明らかに神殿であった。この発見は当時の定説をくつがえし、神殿の成立は土器の導入《どうにゅう》より早いことを証《しょう》明《めい》した。とくに大規模で洗練《せんれん》されたカラル遺跡をはじめ、１９９０年代より海岸部で「先土器神殿」は続々《ぞくぞく》と見い出され、活発な研究分野に成長した。対応《たいおう》する年代も古くなっていき、紀元前３０００年を遡《さかのぼ》る測定値《そくていち》を出した神殿もある。なおコトシュは今でも山地でももっとも充実《じゅうじつ》した「先土器神殿」の調査事例であるが、年代測定の精度《せいど》に問題があり、近年の他の遺跡のデータと比較《ひかく》することが困難《こんなん》であった。そのため２０１６年より東京大学が再調査《さいちょうさ》に着手することになっている。

ミト期の神殿は単に古いだけでなく、土器導入《どうにゅう》に先立つという点が重要である。あまたの人工物の中で、土器は文明史上特別な意味があるとされる。重く割《わ》れやすいため遊動的な生活に向かず、また直火で調理できない農作物の加熱に使われるとして、土器の登場は定住農耕《のうこう》社会の成立の指標と見られていた。余剰《よじょう》生産物のコントロールから社会の階層《かいそう》化が起こり、強力なリーダーのもとでやがて大規模な建築が建てられる、というシナリオが想定されていたのである。ミト期神殿の発見はそれを否定《ひてい》し別のシナリオを提示《ていじ》した。鍵《かぎ》になるのは神殿自体である。「交差した手の神殿」など一連のミト期神殿からは、厚《あつ》い灰層《はいそう》で埋《う》められた神殿の上に新しい神殿を建てる、という反復《はんぷく》的な行為《こうい》が確認《かくにん》された。東京大学の調査団はワカロマ遺跡やクントゥル・ワシ遺跡の発掘を経《へ》て、この「神殿更新《こうしん》」という活動の果たした役割《やくわり》を理《り》論《ろん》化した。本来それは、たとえば焼畑農耕《やきはたのうこう》のように死から生命が生まれることを象徴《しょうちょう》する、宗教《しゅうきょう》的な儀礼《ぎれい》だったのだろう。しかしこの儀礼は予期せぬ結果をもたらした。神殿更新のためには共同体は必要な労働力を前もって決定し、彼《かれ》らのための食料供給《きょうきゅう》を予測《よそく》しなければならない。そのような必要性《ひつようせい》から食料生産が向上する。増《ふ》えた人口によってさらに大きく更新が重ねられる。この過程《かてい》において、技術《ぎじゅつ》は発展《はってん》し、思想は錬磨《れんま》され、社会は大規模化しながら複雑《ふくざつ》に組織《そしき》化されていく。泉靖一はコトシュの発掘現場で「初めに神殿ありき」という言葉を遺《のこ》したが、神殿という物体を契機《けいき》として文明が萌芽《ほうが》したという仮説《かせつ》は、それから半世紀をかけて説得力を持つようになったのである。なお近年、中央アメリカのマヤ文明研究でも神殿建築の発祥《はっしょう》が古く塗《ぬ》り替《か》えられ、さらに西アジアでも牧畜《ぼくちく》や農耕《のうこう》の成立よりはるかに古い時代に神殿が成立していたことが分かっている。神殿の発生のメカニズムを説明する理論《りろん》の構築《こうちく》は人類史研究の基本《きほん》的テーマである。

黄金製品《おうごんせいひん》

２０１１年のペルーの金産出量は世界６位であり、銀は３位、銅《どう》は２位である。アンデス文明では豊富《ほうふ》な埋蔵《まいぞう》量《りょう》と高度な冶金術《やきんじゅつ》により、古くからこれらの加工品が作られ、また合金も開発された。一方で炉《ろ》の燃焼《ねんしょう》温度の限界《げんかい》もあって鉄は実用化されず、利器は石器および銅《どう》器《き》にとどまったという特徴《とくちょう》がある。よってアンデス考古学において金属《きんぞく》利用の研究は主として金・銀・銅を対象とする。また銀や銅は土中で腐食《ふしょく》してしまうことが多いのに対し、化学的に安定した金は良好な状態《じょうたい》で出土する。そのため、とくに黄金製品は古代アンデス美《び》術《じゅつ》を特徴《とくちょう》づける金属製品といえよう。

１９８９年、東京大学の調査団がクントゥル・ワシ遺跡で黄金製品を発見した。先に述《の》べたように、アンデスでは多くの黄金製品は盗掘《とうくつ》によって出土したものである。そのため、盗掘者より先に考古学者が黄金に辿《たど》りついた初の事例として、ペルーのマスコミは大きく報道《ほうどう》した。

アンデス文明でもっとも古い金の事例は、出土状況《じょうきょう》の確《たし》かなものに限定《げんてい》すると、中央海岸や南部高地から報告《ほうこく》された金箔《きんぱく》で、おそらく形成期中期（紀元前１２００～８００年）のものと考えられる。ただし装身具《そうしんぐ》として完成された黄金製品は、形成期後期の北部山地クントゥル・ワシ遺跡クントゥル・ワシ期（紀元前８００～５５０年）のものが南北アメリカを通じて最古級であり、初期の冶金術の発展《はってん》を克明《こくめい》に描《えが》き出した。形成期後期前半クントゥル・ワシ期の６つの墓《はか》から発見された黄金製品は、その多くが打ち出しや切り出しによる加工であり、リング状耳飾《じょうみみかざ》りにのみ蝋《ろう》付けによる溶接《ようせつ》が見られる。それが形成期後期後半コパ期（紀元前５５０～２５０年）の２つの墓《はか》の副葬品《ふくそうひん》では溶接《ようせつ》が多用され、より立体的に複雑《ふくざつ》な製品が作り出されるようになったのである。

土器

南米大陸の土器はどこに発祥《はっしょう》したのだろうか。現在《げんざい》のところ、確実視《かくじつし》されているのは紀元前4000年頃《ごろ》に現《あらわ》れた2つの土器伝統《でんとう》で、コロンビアのサン・ハシント遺跡《いせき》やプエルト・オルミーガ遺跡などの土器、それにエクアドルのバルディビア文化の土器である。興味深《きょうみぶか》いことに、早くから複雑《ふくざつ》社会が展開《てんかい》したペルーは、土器については後進地域《ちいき》で、導入《どうにゅう》は紀元前1800年以降《いこう》である。それ以前の形成期早期に、中央海岸の先土器神《しん》殿《でん》では土偶《どぐう》の出土例が多いが、焼成されていない。

先に、土器は定住農耕民《のうこうみん》にとって都合の良い工芸品であるが、実際《じっさい》は両者の登場は必ずしも編年《へんねん》的に対応《たいおう》しないと述《の》べた。根菜類やトウモロコシなど、加熱調理に適《てき》した作物が土器導入前から利用されていたことは明らかであり、土器は純粋《じゅんすい》に経済《けいざい》的・技術《ぎじゅつ》的な必要性《ひつようせい》にかられて導入されたわけではなかった。貯蔵《ちょぞう》や盛《も》りつけはヒョウタンや籠《かご》などで事足りたし、焼き石を使えば土器がなくとも加熱調理は可能《かのう》だった。また芸術表現《げいじゅつひょうげん》としてはすでに織物や神殿の壁面装飾《へきめんそうしょく》が十分に発達していた。それでも、土器の導入と共に神殿・集落の分布《ぶんぷ》パターンや宗教芸術《しゅうきょうげいじゅつ》に大きな変化が起こっていることから、社会に大きな影響《えいきょう》を及《およ》ぼしたことは確《たし》かである。それは粘土《ねんど》や燃料《ねんりょう》など必要物資《ぶっし》の調達や管理のしかるべき方法、製作者《せいさくしゃ》の社会的役割《やくわり》、使用方法や廃棄《はいき》方法をめぐる作法など、複雑《ふくざつ》な意味の体系《たいけい》が土器とともに中央アンデスにもたらされたためであろう。

土器は粘土という可塑性《かそせい》の素材《そざい》を使い、多くの工程《こうてい》を経《へ》て作られるため、胎土《たいど》や混和《こんわ》材の性質《せいしつ》、成形方法、表面の調整、形状《けいじょう》や色彩《しきさい》の装飾《そうしょく》的要素《ようそ》など、作為《さくい》的・無《む》作為《さくい》的に付与《ふよ》された多様な属性《ぞくせい》がある。よって資料《しりょう》間の詳細《しょうさい》な相互比較《そうごひかく》が可能《かのう》であり、遺跡間・地域間の比《ひ》較《かく》から社会的関係の手がかりになるし、時期ごとの特《とく》徴《ちょう》を捉《とら》えられれば編年指標となる。土器導入以降《いこう》の時代に関しては、土器が研究の根幹《こんかん》となるといって過言《かごん》ではない。ただし上述《じょうじゅつ》の通り、土器の製作・使用・廃棄自体に社会的な意味が付与されていたことを忘れてはならない。単なる編年指標としてではなく、土器の背後《はいご》に社会像《しゃかいぞう》を読み取るところまでが考古学者の使命である。例えば形成期のボトルとチムー文化のボトルは美術様式の違《ちが》いにより簡単《かんたん》に区別できる。しかしその違いには、形成期には1点ずつ手びねりで作り、チムーの時代には型を使って大量生産する、という技術《ぎじゅつ》の差が反映《はんえい》されている。さらにその背景には、それは陶工集団《とうこうしゅうだん》の規模《きぼ》や専業《せんぎょう》化の度合い、また催《もよお》される饗宴《きょうえん》の規模や性質《せいしつ》など、時代ごとの社会的背景がある。

織物《おりもの》

水中のほかに凍結《とうけつ》や乾燥《かんそう》など、湿度《しつど》が極端《きょくたん》な状態《じょうたい》におかれると有機物は腐《くさ》らず遺存《いぞん》することがある。ペルー北部からチリにかけての海岸砂漠《さばく》は世界有数の乾燥地域《かんそうちいき》で、エジプトやアメリカ南西部と並《なら》び、有機遺物《いぶつ》が良好な状態で発掘《はっくつ》される。埋葬《まいそう》された死者の衣類や、それをくるむミイラ包みなどの織物は、しばしば往時《おうじ》の色彩《しきさい》をとどめ、高度な技法《ぎほう》を現在《げんざい》に伝えている。また内陸部においても冷涼《れいりょう》な高地では有機物が保存《ほぞん》されていることがある。織物はアンデス考古学を特色づける資料《しりょう》である。

アンデス文明の作り出された工芸品の中で、とくに繊《せん》維製品《いせいひん》の登場は早かった。まず植物の靭皮繊維《じんぴせんい》を用いたもじり編《あ》みや撚《よ》り紐《ひも》などが北部高地で使用され、やがてペルー綿《めん》が漁網《ぎょもう》の素材《そざい》として重要になり、形成期早期（紀元前3000〜1800年）の北部〜中央海岸部の遺跡から多量に出土するようになる。またラクダ科家畜《かちく》アルパカの起源《きげん》は紀元前4000〜3500年紀前半の中央高地にあるとされるが、形成期早期にその毛や製品も海岸部に現《あらわ》れる。丈夫《じょうぶ》で白色以外に茶色などのバリエーションもある綿糸《めんし》と、保温性《ほおんせい》が良く染色《せんしょく》に適《てき》した獣毛《じゅうもう》糸を主たる素材《そざい》とし、腰帯《こしおび》機などシンプルな織機《しょっき》を用いて織物が製作《せいさく》されるようになった。優《すぐ》れた織物は財《ざい》として扱《あつか》われ、染色《せんしょく》や織《お》りの技術《ぎじゅつ》、そして装飾要《そうしょくよう》素《そ》は高度に洗練《せんれん》されていった。中央アンデスに紀元前1800年頃に土器が導入《どうにゅう》されたが、すでに織物において、幾何学《きかがく》的にアレンジされた動物の文様などが完成されていた。そのためアンデス最古の土器の装飾は、織物の文様や編《あ》み籠《かご》の目の形などの影響《えいきょう》が見られ、また動物や人物の図像《ずぞう》も高度に様式化されている。また宗教《しゅうきょう》的図像《ずぞう》の表現《ひょうげん》がきわめて広い地域《ちいき》で共有され、神殿《しんでん》や土器の装飾に施《ほどこ》されたという現象《げんしょう》は、軽く運びやすい織物が美術《びじゅつ》の媒体《ばいたい》として広く流通したためであると考えられている。このように織物は、経済《けいざい》、技術《ぎじゅつ》、社会、美術、宗教的イデオロギーなど、アンデス文明史のさまざまな側面に関わる重要な資料である。

古代アンデス織物の収集《しゅうしゅう》・研究において天野芳太郎《あまのよしたろう》の果たした役割《やくわり》は大きい。天野は精力《せいりょく》的に織物を収《しゅう》集《しゅう》し、中には多様な文様・技法《ぎほう》のレパートリーを1枚《まい》の布《ぬの》に織《お》り込《こ》んだ「見本織《おり》」など、貴重《きちょう》な発見もあった。そして自身で洗浄《せんじょう》や保存処置《ほぞんしょち》を工夫し、世界有数のコレクションを天野博物館に作り上げた。土器の素朴《そぼく》さと対照的に、多様な織《お》りや染《そ》めの技法《ぎほう》を駆使《くし》したチャンカイ文化の織物はとくに天野を魅了《みりょう》し、自身もそのモチーフの分類や通時的変化を研究した。泉靖一《いずみせいいち》らが収集した東京大学総合研究博物館の織物、森下精一《もりしたせいいち》によるＢＩＺＥＮ中南米美術館の織物は、いずれもチャンカイ文化のものが大多数を占《し》める。チャンカイ谷が首都リマに近く資料を集めやすかったこと、そして何より天野の影響《えいきょう》であろう。

古代アンデス文明
出土品紹《しょう》介《かい》

東京大学クントゥル・ワシ調査団が発掘した南北アメリカ大陸最古の黄金製品、東京大学総合研究博物館及びＢＩＺＥＮ中南米美術館が所蔵する土器と織物の具体例を紹介する。

❖協力（順不同）
東京大学総合研究博物館
クントゥル・ワシ調査団
ＢＩＺＥＮ中南米美術館

Ⓐ十四人面金冠《きんかん》

クントゥル・ワシ遺跡《いせき》（ペルー、カハマルカ県）／クントゥル・ワシ期（紀元前800〜前550）／クントゥル・ワシ調査団《ちょうさだん》

籠《かご》の中に切断《せつだん》した人間の頭部を詰《つ》め込《こ》んだ図像《ずぞう》は、ペルー北部の形成期の美術《びじゅつ》において繰《く》り返されるモチーフである。近隣地域で盗掘《とうくつ》された石皿の中に、超常《ちょうじょう》的なクモがこのような籠を背《せ》負《お》い、切断したばかりの人頭を手に提《さ》げている図像《ずぞう》が彫《ほ》られている。のちのモチェ文化の美術《びじゅつ》にも、クモが人間の首を切断するモチーフが描《えが》かれている。

Ⓐ五面ジャガー金冠

クントゥル・ワシ遺跡（ペルー、カハマルカ県）／クントゥル・ワシ期（紀元前800〜前550）／クントゥル・ワシ調査団

5つのジャガーの顔を打ち出した金冠《きんかん》である。3つの正面顔は冠《かんむり》の中央に位置するが、両端《りょうたん》にはそれぞれ半分になった顔があり、あわせて正面顔ひとつ分となる。顔と顔とを隔《へだ》てる枠《わく》の中にもジャガーの口が組み込《こ》まれている。一隅《いちぐう》を意図的にちぎり取った痕跡《こんせき》があるが、埋葬《まいそう》に伴《ともな》う儀礼《ぎれい》の一環《いっかん》と考えられる。

Ⓐ金製蛇目《きんせいへびめ》・角目《かくめ》ジャガー鼻飾《かざ》り

クントゥル・ワシ遺跡（ペルー、カハマルカ県）／クントゥル・ワシ期（紀元前800～前550）／クントゥル・ワシ調査団

被葬者《ひそうしゃ》は、H字型の大きな鼻飾《かざ》りを2点ともなっていた。H字の四《よ》隅《すみ》は猛禽《もうきん》の頭部になっている。中央部はジャガーの顔が上下2段《だん》に重なった意匠《いしょう》である。上のジャガーは両目とも円い。いっぽう下のジャガーは右目が四角形で、左目は円く、それを蛇《へび》が取り巻《ま》いている。

Ⓐ十二横顔ジャガー金冠

クントゥル・ワシ遺跡（ペルー、カハマルカ県）／クントゥル・ワシ期（紀元前800～前550）／クントゥル・ワシ調査団

作りとしては前掲《ぜんけい》の「十四人面金冠《きんかん》」と似《に》ている。しかしぶら下がっている顔は耳に人間の面影《おもかげ》が残るもののほとんどジャガーと化しており、また枠《わく》は籠《かご》目になっていないので、表現《ひょうげん》しているテーマは異《こと》なるのであろう。墓室《ぼしつ》の中で押《お》しつぶされ、大きくひしゃげた状態《じょうたい》で発見された。

Ⓐ黄金製品　Ⓑ土器　Ⓒ織物

ⓑ貝玉象眼鐙《ぞうがんあぶみ》型ボトル

ペルー北部海岸／形成期中期（紀元前1200〜800）／BIZEN中南米美術館《びじゅつかん》

貝製《せい》のビーズを凹面《おうめん》に貼《は》り付けてある。古代アンデスの土器に貝や金属《きんぞく》など他の素材《そざい》を組み合わせる事例はあるが、形成期の土器では珍《めずら》しい。海岸部で発展《はってん》したアンデス文明では古くから貝は食用のほか工芸用に用いられた。エクアドルなどより北方の遠隔地《えんかくち》からもたらされた、肉厚《にくあつ》のウミギクガイやカブトソデガイなどが重用された。装飾《そうしょく》品《ひん》だけでなく釣《つ》り針《ばり》などにも加工される。

ⓑ人頭入り籠《かご》象形鐙型ボトル

ペルー北部海岸／形成期中期（紀元前1200〜800）／BIZEN中南米美術館

刻《こく》線で彫《ほ》られた頭部横顔は、牙《きば》などの超《ちょう》自然的な要素《ようそ》を持たない通常《つうじょう》の人間である。クントゥル・ワシ遺跡《いせき》出土の十四人面金冠《きんかん》同様、切断《せつだん》した人間の頭部を詰《つ》め込《こ》んだ籠《かご》を表している。このモチーフは形成期中期の石皿の装飾《そうしょく》や、形成期後期の神殿壁画《しんでんへきが》などにも例があり、重要な宗教《しゅうきょう》的テーマだったと考えられる。形成期の陶工《とうこう》はまだ分割《ぶんかつ》型の技法《ぎほう》を使っておらず、こういった複雑《ふくざつ》な形状《けいじょう》は粘土《ねんど》板を変形させながら貼《は》り合わせて作っている。

Ⓑ戦士とリャマ象形ボトル

ペルー北部山地／地方発展期（紀元前50〜後600）、レクワイ文化／BIZEN中南米美術館

四角い盾《たて》を装備《そうび》し、半円形の頭飾《かざ》りを着けた戦士がリャマを伴《ともな》って立つモチーフは、レクワイ文化の象形土器にたびたび現《あらわ》れる。アンデスには高地に適応《てきおう》した野生のラクダ科動物グァナコとビクーニャがおり、また家畜《かちく》化されたリャマとアルパカがいる。主としてグァナコの特性《とくせい》を色濃《いろこ》く残す家畜がリャマである。リャマはアルパカより強靱《じん》で、30kgほどの荷を担《かつ》いで1日20km前後歩き、低地でも生存《せいぞん》できる。世界の古代文明の中で、南北アメリカ大陸の文明は車輪が実用化されなかったことで知られるが、アンデスではリャマに荷を積んで山道を上り下りするのが常《つね》であるので、そもそも荷車の発達する契機《けいき》がなかったと言える。

Ⓑ神像彩文橋付双注口《しんぞうさいもんそうちゅうこう》ボトル

ペルー南部海岸／地方発展期（紀元前50〜後600）、ナスカ文化／BIZEN中南米美術館

南ペルーの土器は多彩《たさい》色になる傾向《けいこう》がある。とくにナスカ文化は多彩色の土器を発展《はってん》させたが、その色数は12色ともいわれ、当時の世界で最高の色数を誇《ほこ》る。有名な「ナスカの地上絵」に見られるようなハチドリ、サル、シャチなどの動物もしばしば土器に描《えが》かれる。この土器は胴部《どうぶ》上半に、口の周りに猫《ねこ》科動物の顔を模《も》したマスクを着けた神像《しんぞう》が横倒《よこたお》しに描《えが》かれている。この神像はナスカ美術《びじゅつ》においてしばしば多くの首級《しゅきゅう》を伴《ともな》って現《あらわ》れる。

Ⓐ黄金製品　Ⓑ土器　Ⓒ織物

Ⓑ笛付きカモ象形橋形把手《とって》ボトル

ペルー極北部海岸／地方発展期《はってんき》（紀元前50～後600）、ビクス文化／BIZEN中南米美術館《びじゅつかん》

様式化されているため奇妙《きみょう》な動物像《ぞう》に見えるが、平たいくちばし、羽冠《かん》もしくは鶏冠《とさか》、水平に広がる尾羽《おばね》などから、カモ科のバリケン（モスコビー・ダック）と考えられる。リャマ、アルパカ、テンジクネズミ（モルモット）はアンデスに起源《きげん》を持ちその地で家《か》畜《ちく》化された動物であるが、バリケンは中米から南米大陸にかけての広い地域《ちいき》で並行《へいこう》して飼育《しいく》されていた。後頭部に14個《こ》の孔《あな》が開いており、この部分が笛となって、液体《えきたい》を出し入れする際《さい》に空気が動いて甲高《かんだか》い音が出る。

Ⓑ人物肖像鐙《しょうぞうあぶみ》型ボトル

ペルー北部海岸／地方発展期（紀元前50～後600）、モチェ文化／BIZEN中南米美術館

具象的なモチーフと写実的な表現《ひょうげん》はモチェ美術《びじゅつ》の特徴《とくちょう》であるが、特定の人物をかたどった「肖《しょう》像《ぞう》土器」はその最たるものである。土器に描《えが》かれたのは高位の人物で、同一人物を表したとみられる作品群《さくひんぐん》もある。実際《じっさい》の人間の頭部より小さく作られているが、頭髪《とうはつ》、装身具《そうしんぐ》、入れ墨《ずみ》、ときに病変や外傷《がいしょう》などの特徴《とくちょう》が克明《こくめい》に表現《ひょうげん》されている。この作品にはフェイスペインティングによる顔の塗《ぬ》り分けが見られる。

Ⓑ笛付き・棒《ぼう》を抱《かか》える人物像《じんぶつぞう》付きボトル

ペルー北部海岸／地方王国期（紀元後900～1450）、チムー文化／BIZEN中南米美術館

壺《つぼ》や鉢《はち》などチムー文化の日常《にちじょう》的な土器は赤色のものが多いが、ボトルは黒いものが一般《いっぱん》的で、赤色や白色や2色使いのものなどは少数である。チムーでは分割《ぶんかつ》型によるボトルの大量生産が行われた。専門《せんもん》的な陶工《とうこう》だけでなく農民などもパートタイム労働に従事《じゅうじ》したらしく、仕上げの粗《あら》いものが目立つ。しかしこの作品は、人物像《じんぶつぞう》を手びねりで成形するなど丁寧《ていねい》な仕上げである。人物が脇《わき》に抱《かか》えている3本の棒《ぼう》は中空になっているのでカーニャ・デ・グァヤキル（中南米原産のタケ類の一種）の幹《みき》であろう。

Ⓑジャガー像《ぞう》付き彩文壺《さいもんつぼ》

カキ遺跡（ペルー、リマ県）／地方王国期（紀元後900～1450）、チャンカイ文化／東京大学総合研究博物館

高温のあまり胴部《どうぶ》が焼成時にゆがんでしまったが、こういった事例は少なくない。チャンカイ文化の人々《ひとびと》にとっては失敗作ではなく、捨《す》てずに使用したと考えられる。

Ⓐ黄金製品　Ⓑ土器　Ⓒ織物

Ⓑ把手《とって》付き彩文尖底壺《さいもんせんていつぼ》（アリバロ）

ペルー中央海岸チャンカイ谷／インカ帝《てい》国《こく》期（紀元後1450〜1532）、インカ文化／東京大学総合研究博物館

この器形はインカ帝国《ていこく》期に特有で、トウモロコシの酒チチャの容《よう》器《き》である。展示品《てんじひん》はアリバロとしては小さい部類で、大きなものは高さ1mを超《こ》える。

Ⓒ抽象《ちゅうしょう》鳥文様補緯縫取裂《ほいぬいとりきれ》

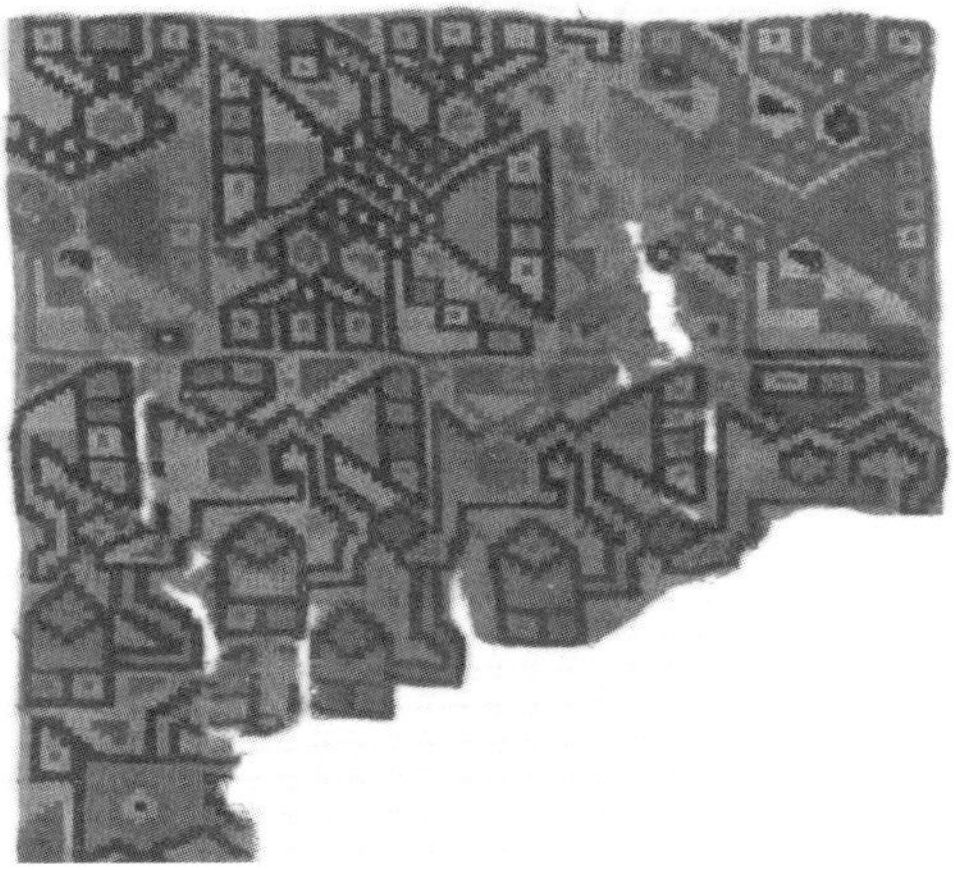

ペルー中央〜南部海岸／ワリ期（600〜900年）ワリ文化／東京大学総合研究博物館

経《たて》糸は木綿《もめん》で、緯《よこ》糸はラクダ科動物、おそらくアルパカの獣毛《じゅうもう》である。考古学のデータからは、紀元前4000〜3500年頃《ころ》のペルー中央高地で、アルパカと似《に》た門歯を持つ種が登場したことなどから、ラクダ科動物の狩猟《しゅりょう》だけでなく飼育《しいく》が始まったことが示唆《しさ》されている。

Ⓒ玉房《たまふさ》・緯縁飾《よこふちかざ》り付き人物・動物抽象《ちゅうしょう》文様縫取裂《ぬいとりきれ》

ペルー北部〜中央海岸／地方王国期（紀元後900〜1450）、チムー文化またはチャンカイ文化／BIZEN中南米美術館

三日月型の頭飾《かざ》りを付けた高位の人物が表現《ひょうげん》されている。経《たて》糸・緯《よこ》糸ともに木綿《もめん》で、玉房《ふさ》と縫取《ぬいとり》はラクダ科動物の獣毛《じゅうもう》糸、縁飾《ふちかざ》りは木綿糸《もめんいと》と獣毛《じゅうもう》糸である。いくつかの裂《きれ》から構成《こうせい》されている。

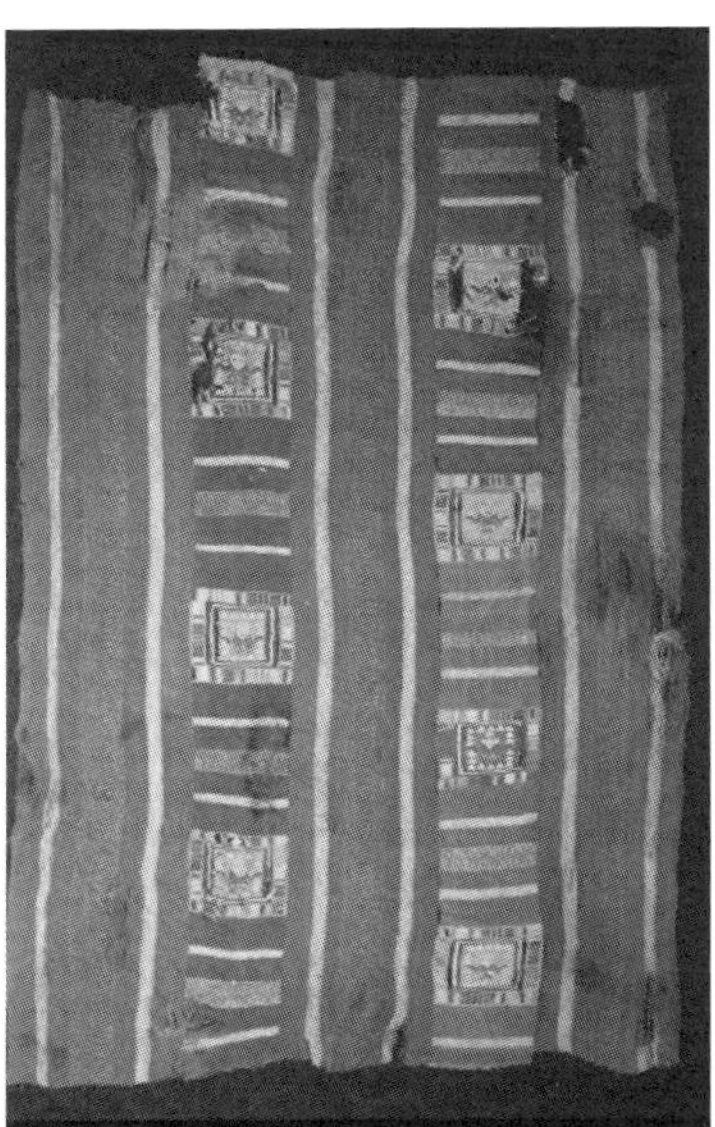

Ⓒ人物・幾何学《きかがく》文様綴織《つづれおり》／動物抽象《ちゅうしょう》・波・鳥文様経紋織裂《たてもんおりきれ》

ペルー中央海岸／地方王国期（紀元後900〜1450）、チャンカイ文化／BIZEN中南米美術館

綴織《つづれおり》を2枚《まい》、経紋織《たてもんおり》を3枚《まい》接《は》いで構成《こうせい》されている。経《たて》糸は木綿《もめん》、緯《よこ》糸は獣毛《じゅうもう》である。下端《かたん》が切れている。

Ⓐ黄金製品　Ⓑ土器　Ⓒ織物

結びとして―アンデスの人々《ひとびと》から学び、野内与吉《のうちよきち》に思いを馳《は》せる

稲村哲也《いなむらてつや》

アンデスのユニークで輝《かがや》かしい古代文明を築《きず》いた人々は、どこに行ってしまったのだろうか。スペインによる長い植民地支配《しはい》をへて、ペルーは1821年に独立《どくりつ》した。人口構成をおおまかにいえば、植民地時代に続々《ぞくぞく》と海を渡《わた》ったスペイン人を中心とするヨーロッパ系《けい》の子孫が社会の支配階層《しはいかいそう》となり、メスティーソと呼《よ》ばれる混《こん》血《けつ》の人々《ひとびと》が中間層《ちゅうかんそう》を占《し》め、国民の約半数を占《し》めるインディオ（先住民族）は都市の下層《かそう》や地方の農牧民として暮《く》らすようになっていた。支配階層は主に海岸地方に都市を築《きず》いて近代化を進めてきた。インディオの多くは現《げん》在《ざい》も山岳地域《さんがくちいき》で古来の伝統の一部を受け継いできた。彼《かれ》らはヨーロッパ系の支配階層の人々からは、長い間「遅《おく》れている人々」として蔑《さげす》まれてきた。しかし現在は、誇《ほこ》りをとりもどし、自らの優れた文化を再確認《さいかくにん》している。そうしたアイデンティティの確認にとって重要な役割《やくわり》をはたしているのが遺跡《いせき》の発掘《はっくつ》と修復《しゅうふく》であり、博物館に展示《てんじ》される数々の素晴《すば》らしい考古遺物《いぶつ》である。

筆者は、彼《かれ》らの社会に住んで、日々《ひび》の暮らしや文化を調べる文化人類学の研究をしてきたが、古代から現代《げんだい》に伝えられる伝統の知恵《ちえ》から学ぶべき多くのことを知った。

アンデスの多様な自然環境《かんきょう》と栽培《さいばい》化された作物

まず、具体的に挙げられるのは、生活の基盤《きばん》としての生業（農耕《のうこう》と牧畜《ぼくちく》）である。巨大《きょだい》な山脈が続く中央アン

デスは熱帯に位置しているため、低地では暑いが、標高が高くなるにつれて気温が下がり、最高所の氷雪地帯にいたる。つまり、地球上のすべての気候帯を集めたような、世界でもっとも多様な環境をもつのがアンデスである。

アンデスの人々は、その多様な自然環境にうまく適応《てきおう》して、それを最大限に利用してきた。具体的には、気候帯に応《おう》じて、様々な植物を栽培《さいばい》化した。根菜類は種類が多く、ジャガイモ、サツマイモ、マニオク（キャッサバ）など世界に広まったもの以外に、ちょっと甘《あま》い味がするオカ、ぬるっとした食感のオユーコも、現地ではよく栽培されている。また、血糖値《けっとうち》を下げる効果《こうか》があると言われるヤコンや、精力増強効果《せいりょくぞうきょうこうか》があるとして最近知られるようになったマカなども、アンデス原産である。

穀類《こくるい》では、栄養価《えいようか》が高い作物としてキヌアが知られている。トウモロコシもメソアメリカ（北米大陸の古代文明が栄えた地域で中米・メキシコにあたる）とアンデスで栽培化されたもので、世界に広まった。トウガラシや様々なマメ類もメソアメリカとアンデスで栽培化され、世界にひろまった。

アンデス原産の作物は、16世紀以降《いこう》、まずスペインに持ち運ばれ、そこから世界に広まった。ジャガイモは寒さに強いので、イギリス、アイルランド、ドイツなどで普及《ふきゅう》し、食料の増産《ぞうさん》、人口増加《ぞうか》につながり、ヨーロッパ、そして世界の歴史に大きな影響《えいきょう》を与《あた》えた。

アンデスのサステイナブル（持続的）な農耕

アンデスの人々は多様な作物を作りだしただけでなく、一つの作物でも、実に多様な種類のもの（品種）を作り出した。ジャガイモだけをとっても、一つの村で、数十から百近い種類のものを区別し、今でも栽培している（口絵写真参照）。多様な種類の作物を同時に栽培するのは効率《こうりつ》が悪い。ではそのメリットは何だろう。それは、気候の変動や病虫害のリスクが分散できることである。

なかでも、アンデスでは、青酸性《せいさんせい》の毒をもった苦いイモをわざわざ栽培《さいばい》している。このイモは野生に近く、寒さに最も強いし、毒があるので虫がつかない。このイモはそのままでは食べられないため、凍結乾燥《とうけつかんそう》によって、高野豆腐《どうふ》のように加工する。アンデスの高原の乾季《かんき》は、夜になると寒くてイモは凍結《とうけつ》する。日中は日射《ひざ》しが強いので融解《ゆうかい》する。それを数日続けるとブヨブヨのイモになる。それを足で踏《ふ》んで水分を出し、そのあと小川の清流でさらしたあと、天日で乾燥する。そうすると水分が抜《ぬ》けて、毒も抜《ぬ》け、かすかすの乾燥したイモ「チューニョ」となる。チューニョは何年も貯蔵《ちょぞう》ができるし、運搬《うんぱん》にも便利である。チューニョを食べるときには水につけてもどす。

作物は美味しくて大きくて沢山《たくさん》とれるものが良い。それを開発して栽培すれば、多くの人が豊《ゆた》かになれる。私《わたし》たちの社会では、そう信じて、さまざまな作物の「品種改良」をしてきた。しかし、それらの作物は野生のときの強さを失い、環境の変化や病気に弱くなる傾向《けいこう》がある。そのため、化学的な毒物である農薬が必要となり、環境《かんきょう》を汚染《おせん》してしまう。アンデスの多くの地域《ちいき》では、家畜《かちく》の糞《ふん》などを肥料《ひりょう》とし、農薬は使わない、持続的な農耕《のうこう》が今も続けられている。

家畜にも似《に》たことがいえる。近代的な畜産《ちくさん》では、肉質《にくしつ》がよく、成長が早く、沢山《たくさん》の肉がとれる豚《ぶた》などを開発してきた。このような豚は人間が保護《ほご》しなければ生きてゆけない。

効率《こうりつ》ばかりを追求した結果、家畜は病気に弱くなり、人工的な環境《かんきょう》で抗生物質《こうせいぶっしつ》を与《あた》えて育てるということになった。その結果、家畜の間で感染症《かんせんしょう》が流行し、それが人間にも感染するということが問題になった。

アンデスの知恵《ちえ》、多様な考え方

人々の関係、社会のあり方について目を向けると、アンデスの人々は、ジャガイモやトウモロコシの植え付け、収穫《しゅうかく》のときには、互《たが》いに協力しあって作業をする。ある日は、Aさんの畑で収穫があると、BさんやCさんが手伝いにくる。そこでAさんはチチャ（トウモロコシ酒）や食べ物を用意してふるまうが、お金は払《はら》わない。つぎにBさんの畑で収穫《しゅうかく》があると、AさんやCさんが手伝いに来て、Bさんがふるまいをする。このような労働交換《こうかん》・相互扶助《そうごふじょ》のしくみが維持《いじ》されている。牧民の場合も、アルパカの毛刈《けが》りの作業などで、同様の労働交換が行われる。

アンデスの人々は、効率性《こうりつせい》よりも持続性《じぞくせい》を優先《ゆうせん》してきたといえる。彼らは多様性《たようせい》を好み、維持してきた。彼らのもっている持続的な農耕《のうこう》や牧畜《ぼくちく》、そして彼らの生活そのものを目にすると、私たちの常識《じょうしき》が覆《くつがえ》される。近代社会が直面している様々なリスクの増大《ぞうだい》に目を向けたとき、私たちが目指してきた方向が誤《あやま》っていたのではないか、と気づかされる。

アンデスの信仰《しんこう》、日本人との共通性《きょうつうせい》

インカ帝国《ていこく》が征服《せいふく》されると、各地にキリスト教（カトリック）の教会が建てられ、キリスト教の信仰《しんこう》が強制《きょうせい》された。アンデスの人々は、インカ皇帝《こうてい》は太陽の子孫であるという神話にもとづき、太陽信仰をもっていた。これは、天皇《てんのう》の祖先《そせん》が天照大神であるとする日本の古事記の記述《きじゅつ》と似《に》たところがある。アンデスの人々は、太陽以外にも、様々な自然現象《げんしょう》、自然物に霊性《れいせい》が宿るという自然崇拝《すうはい》の信仰をもっていた。インカ帝国が滅亡《めつぼう》すると、太陽信仰はなくなったが、山の精霊《せいれい》オルホ、大地の精霊パチャママなどの信仰は続けられた。

スペインから来た司祭によってカトリックが導入《どうにゅう》され、しばしばその信仰が強制されたが、インディオの側の視点《してん》で考えると、もともと自然崇拝であり一種の多神教を信仰する彼らがカトリックを受け入れるのはむしろ容易《ようい》なことであった。教会に安置された、聖母《せいぼ》マリア、十二使徒をはじめとするカトリックの聖人《せいじん》の像《ぞう》は美しく、彼らが信仰してきた神々《かみがみ》の姿《すがた》のようにも思われた。彼らは、地母神パチャママと聖母マリアを重ねあわせ、融《ゆう》合《ごう》してしまった。牧民や農民は、草原や畑で天の恵《めぐ》みをもとめて地母神パチャママにチチャ酒をささげ、教会に行くと聖母《せいぼ》マリアの前で十字をきる。正統《せいとう》なスペインの司祭からは異端《いたん》の信仰《しんこう》と見えた、このような宗教融合《しゅうきょうゆうごう》現象《げんしょう》は、日本人にはたいへん理解しやすい。私たちも、神式の結婚式《けっこんしき》と仏式《ぶっしき》の葬式《そうしき》を行なうなど、自然崇拝《すうはい》からつながる神道と仏教の信仰を矛盾《むじゅん》なく実践《じっせん》しているからである。アンデスの人々《ひとびと》は、カトリックの祭りも自分たち流に変えてしまった。祭りは、信仰そのものよりも、人々が集い、楽しみ、結束をたかめる場としての意味がより重要となっている。これも日本人にはよく理解《りかい》できる（写真1～3）。

〔写真1〕クスコ県ケロ村での祭り：カトリックの影響により、2月のカルナバル（カーニバル）として行われる祭りだが、ふだんは谷のいくつかの集落に分かれて住んでいる人々が集い、チチャ酒を飲み、歌い、踊る。人々の交流により、コミュニティの結束が図られる

野内与吉《のうちよきち》とアンデスの人々《ひとびと》

ペルーの社会は、コスタ（海岸地方）とシエラ（山岳《さんがく》地方）とで、極めてコントラストが大きい。コスタは、ヨーロッパ人やメスティーソが中心を占《し》めるスペイン的、

〔写真2〕アレキーパ県プイカ村での祭り：カトリックの聖人サンティアゴの像が教会から出て、村中を行列する。サンティアゴは稲妻と同一視され、キリスト教（カトリック）と土着の自然崇拝の融合がみられる

都市的・近代的な世界である（写真4）。陽気で情熱《じょうねつ》的でにぎやかなラテン的世界だ。明るく楽しい世界だが、裏切《うらぎ》りや相互《そうご》不信が支配《しはい》する負の側面も強い。シエラは、どちらかといえば、インカの伝統《でんとう》が残るインディオの世界だ。地味で内省的だが、人々は誠実《せいじつ》で、仲間への信頼《しんらい》と結束が強い。

野内与吉《のうちよきち》は、ペルーに渡航《とこう》して最初の半年を、コスタのアシエンダ（大農園）で過《す》ごした。アシエンダは、ヨーロッパ系《けい》の支配層《しはいそう》が労働者を蔑《さげす》み、厳《きび》しく搾取《さくしゅ》する世界であった。アシエンダの外のコスタには都市が点在《てんざい》し、そこは華《はな》やかだが、当時は、粗野《そや》で裏切《うらぎ》りや犯罪《はんざい》も多かった。

コスタを出て、広い南アメリカ世界を放浪《ほうろう》したあと、野内与吉は、シエラの中心ともいえるクスコに出て、アマゾン方面に下るウルバンバ渓谷《けいこく》の鉄道建設《けんせつ》に従事《じゅうじ》し、そこの小さな集落マキナチャヨに落ちついた。渓谷から

〔写真3〕アレキーパ県プイカ村での祭り：農村のカトリック聖人の祭りに参加するため、高原の居住地から2日がかりでやってきた牧民。この盛装したリャマが聖人行列に参加する。プイカの祭りでは、農民と牧民が親しく交流する

〔写真4〕ペルーの首都リマ：左手奥は大統領官邸、右手は大聖堂である。リマは、植民地時代には副王領の首都がおかれ、植民地行政の中心であった

山の尾根《おね》にのぼると、そこには、樹木《じゅもく》に被《おお》われながらも、輝《かがや》かしい栄光の名残をとどめるインカの「荒城《こうじょう》」があった。与吉《よきち》の目に会津《あいづ》城《じょう》の物語が重なったのではないだろうか。

　マチュピチュからさらにビルカバンバへと続くビクカノータは、スペイン征服《せいふく》者に敗れたインカ皇族《こうぞく》がクスコから落ちのびた渓谷であった（写真5、6）。平家の落人の物語によく似《に》ている。本書の編著《へんちょ》者である野内《のうち》セサル良郎《よしろう》は、与吉《よきち》の孫にあたるから、日本人の血統《けっとう》が四分の一、インカの血統がほぼ四分の三ということになる（ヨーロッパ人の血が入っているかもしれないが）。彼は落ちのびたインカ皇族《こうぞく》の血を引いているのではなか、と

〔写真5〕ビルカバンバのビトコス遺跡（撮影：佐藤裕子、解説：佐藤義光）：スペイン軍に最後まで抵抗した皇帝一族が立てこもった場所。ここで皇帝がスペイン人宣教師に暗殺されたといわれている。マチュピチュを再発見したハイラム・ビンガムが当初目指していた遺跡としても有名

〔写真6〕ユラックルミ（撮影：佐藤裕子、解説：佐藤義光）：この巨石は、ビトコスの守神としての神殿で、その裏側や下部は精巧な石組みとなっている。周辺には規模の大きい階段畑が続いており、この地域がインカの本拠地のひとつであったことがわかる

私は思っている。

ウルバンバ渓谷のマキナチャヨ集落には、つつましい暮《く》らしがあり、優《やさ》しい誠実《せいじつ》な人々《ひとびと》がいた。それまでの与《よ》吉《きち》が接《せっ》してきたアシエンダや都市の世界とは正反対、裏《うら》切《ぎ》りとは無縁《むえん》の、信頼《しんらい》関係に満ちた世界がそこにあった。当時の日本の農村で育った与吉《よきち》にとっては、親しみやすい人々だった。彼は故郷《こきょう》の大玉村での生活や家族や友人たちに思いをはせたに違《ちが》いない。与吉は村人たちから心暖《あたた》かく迎《むか》えられ、やがて信頼《しんらい》を勝ちえていった。

三笠宮殿下《みかさのみやでんか》と野内オルガ

マチュピチュ村でリーダーとなり、多くの子や孫にも恵まれ、幸せな生活を送っていた与吉のもとに、大きな出来事がおこった。１９５８年、日本の皇族《こうぞく》の三笠宮《みかさのみや》殿下《でんか》がマチュピチュを訪問《ほうもん》されたのだ。与吉は殿下を出迎え、娘《むすめ》のオルガが殿下に歓迎《かんげい》の花束を贈呈《ぞうてい》した。オルガは、野内与吉の孫のセサル良郎にとっては叔母にあたる。オルガは、殿下からいただいたネックレスを終生大切にし、いつか殿下にお礼を言いたいと話していたが、２０１５年に帰らぬ人となった。

オルガが殿下に花束を渡《わた》してから57年後の２０１５年6月、大貫良夫《おおぬきよしお》の紹介《しょうかい》で、野内セサル良郎と母のホセフィーナは、御所《ごしょ》に三笠宮殿下を訪問《ほうもん》し、花束を渡《わた》してオルガの遺志《いし》を伝えることができた。大貫良夫と筆者もその感動的な場を共有させていただいた。殿下は、半世紀前のマチュピチュ訪問の思い出を、まるで昨日のことのように語った。

今から４年前、私《わたし》が在日《ざいにち》ペルー大使に就任《しゅうにん》した際《さい》に、本書の著者である野《の》内《うち》セサル良郎《よしろう》氏が訪問し、自分の活動や、祖父《そふ》（野内与吉《よきち》氏）について行なっている研究、祖父とペルーとに関わりについて語った。それは、好ましく、たいへん印象的であった。

著者の祖父に対する熱い想いを受け、私は彼に東京にある在日ペルー大使館での講演《こうえん》を依頼《いらい》した。

この講演会《こうえんかい》は、私たち受講者が、日本人・野内与吉氏がマチュピチュ村に対して成した重要な貢献《こうけん》について知る機会となった。そして私たちは、野内与吉の功績をマチュピチュ村の歴史に遺す必要がある、という彼の想いに共感したのである。

著者野内セサル良郎氏は、ウルバンバと高山市の姉妹都市締結《ていけつ》式に通訳として同行したが、そのとき彼は、マチュピチュ村と祖父の故郷である大玉村の姉妹提携《ていけい》を実現するという夢について、私に語ってくれた。そして、両村の行政当局と村民の尽力《じんりょく》、著者の熱い働きかけ、在日ペルー大使館の積極的な協力により、この姉妹提携が実現したのである。

著者と出会ってから、私は、彼の祖父に対する深い尊敬と誇りの念、そして彼の祖父がペルーと日本のために尽くした功績の意義を確信するに至った。だからこそ私は、本書の出版《しゅっぱん》を祝福したい。本書はペルー人と日本人の友好の絆を表わす、秀でた手本である。

在日ペルー大使館

特命全権大使　エラルド・エスカラ

おわりに

本書を多くの方にご愛読いただくことで、祖父《そふ》の生涯《しょうがい》が日本の歴史に刻《きざ》まれ、後世に語り継《つ》がれることを願う。

また、私のかねてからの夢《ゆめ》である、祖父の資料館開設実現《しりょうかんかいせつじつげん》に向けてのさらなる活動を誓《ちか》い、祖父への恩返《おんがえ》しをしたいと思う。

そして、本書の出版《しゅっぱん》に多大なるご協力をいただいた方々《かたがた》へ、この場をお借りし感謝《かんしゃ》の意を表したい。

在日《ざいにち》本ペルー大使　エラルド・エスカラ閣下《かっか》には本書に関する推薦《すいせん》をいただいた。

大貫良夫《おおぬきよしお》氏、鶴見英成《つるみえいせい》氏、森下矢須之《もりしたやすゆき》氏にアンデス文明に関する貴重《きちょう》な資料《しりょう》をご提供《ていきょう》いただいた。

稲村哲也《いなむらてつや》氏をはじめ、執筆者《しっぴつしゃ》のみなさんには、時代背景《はいけい》、アンデス文明、祖父と関わった日本人などについて紹介《しょうかい》していただくとともに、様々《さまざま》なサポートをしていただいた。

ビッグ錠《じょう》氏には、漫画《まんが》によって祖父の生涯《しょうがい》を視覚《しかく》的に蘇《よみがえ》らせていただいた。

そして、祖父を世に出す機会を与《あた》えてくださった出版社《しゅっぱんしゃ》の皆様《みなさま》、私《わたし》の研究に協力して下さったペルーの皆様、そして私《わたし》を応援《おうえん》して下さる皆様や家族に、心から深く感謝を申し上げる。

２０１６年７月　野内《のうち》セサル良郎《よしろう》

世界遺産マチュピチュに村を創った日本人
「野内与吉」物語
— 古代アンデス文明の魅力 —

2016年 9月22日　初版発行

編者　野内《のうち》セサル良郎《よしろう》（日本マチュピチュ協会会長）
稲村《いなむら》哲也《てつや》（放送大学教授、日本学術会議連携会員）

著者　第1部　野内セサル良郎
第2部　稲村哲也
大貫良夫（東京大学名誉教授）
尾塩尚（著述家・元映画プロデューサー）
阪根博（武蔵野美術大学招聘講師）
森下矢須之（BIZEN中南米美術館館長）
第3部　鶴見英成（東京大学総合研究博物館助教）

漫画　ビッグ錠

発行者　宮田一登志
発行　株式会社新紀元社
〒101-0054
東京都千代田区神田錦町1-7
錦町一丁目ビル2F
TEL:03-3219-0921　FAX:03-3219-0922
http://www.shinkigensha.co.jp/
郵便振替　00110-4-27618

デザイン・DTP　株式会社明昌堂
印刷・製本　中央精版印刷株式会社

ISBN978-4-7753-1429-6
定価はカバーに表示してあります。
Printed in Japan